High Performance Consulting

101 erprobte Praxistipps für exzellente Unternehmensberatung

Christopher Schulz

1. Auflage

Impressum
Dr. Christopher Schulz
Gärtnerstraße 33
D-80992 München

Tag der Veröffentlichung
09.08.2017

Verantwortlich für den Inhalt
Christopher Schulz

Lektorat
Jannik-Johannes Vieten

Foto Buchdeckel
Strichmännchen trainiert Gewichtheben mit der Langhantel im Fitnessstudio
#117532668 © fotomek Fotolia.com

Für meine Großeltern Dieter, Marga, Renate und Walter.
Ihr habt meine Kindheit und Entwicklung maßgeblich geprägt.

Inhalt

1. Hier geht's los

Liebe Leserin, lieber Leser,
mein Friseur darf sich Unternehmensberater nennen. Mein Postbote auch. Mein Hausmeister sowieso. ‚**Unternehmensberater**' ist in Deutschland **keine offizielle Berufsbezeichnung** mit gesetzlicher Grundlage. Jeder der möchte, kann beraten und sich mit einem schicken – möglichst englischsprachigen – Consulting Titel schmücken. Eigentlich schade. Wenn alle alles unter Beratung verkaufen können, dann leidet in Konsequenz die Reputation des Berufsstands.

Dabei kannst Du als Unternehmensberater einen **großartigen Nutzen für Deine Kunden** stiften. Als Umsetzer, Coach und Trainer. Als Analyst, Mentor und Trusted Advisor. In meinen rund 10 Jahren als Business/IT Consultant habe ich mit zahlreichen Beratungen, Kunden und Consultants zusammengearbeitet. Ich habe exzellentes, gleichermaßen wie unprofessionelles Consulting erlebt, habe dankbaren, wie auch unfairen Kunden geholfen.

In diesem Büchlein möchte ich meine **Erfahrungen** an Dich weitergeben. **Praktiken**, **Tipps** und **Denkanstöße** für eine bessere Kundenberatung, eine angenehmere Zusammenarbeit, einen stressfreieren Consulting Lifestyle. **High Performance Consulting**.

Als Consultant bist Du stark in Projekten, Weiterbildung und Akquise eingebunden. Aus diesem Grund möchte ich Dir eine leichtgewichtige Sammlung von 101 **sofort umsetzbaren Consulting Tipps** mitgeben. 101 vom englischen ‚One-oh-One' – dem Einmaleins. Jeder Tipp enthält…

- eine **kleine Story** als Einleitung, frei erfunden, teilweise angelehnt an meine Laufbahn,
- **Erkenntnisse**, **Taktiken** und **Routinen** für eine erstklassige Beratungsleistung sowie
- ein **inspirierendes Zitat**, teilweise von Beratern, Weggefährten und engen Freunden.

Bewusst beschreiben alle Tipps eine **Aktivität**. Mein Ziel: Du sollst ins Tun kommen, nach Lektüre einer beliebigen Seite im Buch eine kleine Verbesserung anstoßen. Dabei kann sich diese Aktion auf Deine Beziehung zum Kunden, zum Arbeitgeber sowie Dir selbst richten. Als angestellter Consultant findet Dein Wirken exakt in diesem magischen Dreieck statt.

Beachte das sich ‚High Performance' nicht in ‚Höchstleistung' übersetzt. Es geht nicht um 14-Stunden Arbeitstage, Meeting-Marathons bzw. totale Aufopferung für den Kunden oder Vorgesetzten. Vielmehr meine ich mit High Performance Consulting die **Hochleistungsberatung**. **Smart**, **ergebnisorientiert** und mit einem **einzigartigen Mehrwert** für Deinen Kunden.

Beste Grüße aus München

Dein Christopher

Dr. Christopher Schulz

Rezension schreiben und Buch sichern

Was hältst Du von meinem Buch? Schreibe eine Rezession und sichere Dir ein weiteres meiner Consulting Bücher!

So geht's: Rezensiere dieses Buch auf Amazon (Consulting-Life.de/High-Performance-Consulting). Schick mir einen Screenshot von Deiner Rezension an info@consulting-life.de. Du erhältst ein weiteres meiner Consulting Bücher. Kostenfrei!

Hilf mir, bessere Bücher zu schreiben. Und ich helfe Dir, ein besserer Unternehmensberater zu werden.

2. Der Berater hinter diesem Buch

Wer steckt eigentlich hinter High Performance Consulting?

Danke für Dein Interesse an der Person hinter diesem Buch. Ich bin Christopher Schulz, aktuell Manager bei einer mittelständischen Unternehmensberatung in München. Nach meinem Informatikstudium in Deutschland, Frankreich und den USA arbeitete ich bei einer amerikanischen Großbank in der Schweiz als Analyst.

2008 entschied ich mich zu promovieren und begann parallel meine Laufbahn als Consultant. Zu meinen Kunden zählen Unternehmen aus der Automobil-, Maschinenbau- und Finanzbranche. Meine Hauptberatungsfelder sind das Requirements Engineering, das Enterprise Architecture Management sowie die Strategieentwicklung in digitalen Zeiten.

In meinem rund 10 Jahren ‚Consulting on-the-job' erlebte ich viel Spannendes, manches Langweiliges und auch einiges Außergewöhnliches. Über die Zeit begann ich die Anekdoten, Erkenntnisse und Lektionen zu sammeln und festzuhalten. Irgendwann war es einfach so weit. Vor mir lag genug Stoff für ein kleines Büchlein. Die Idee für High Performance Consulting.

Neben klassischen Consulting Projekten publiziere ich regelmäßig für Fachmagazine und Konferenzen. Seit 2015 betreibe ich den Blog Consulting-Life.de auf dem ich mein Karriere- und Praxiswissen an Berater weitergebe.

3. 101 High Performance Consulting Tipps

#1: Abschalten

Donnerstagabend Mitte August. Bei mir ist die Luft raus. Gerade ging der Projektabschlussbericht per E-Mail rum. Mareike war so freundlich und hat gestern Abend das Dokument fertiggestellt. Jetzt noch den Kundenfeedbackbogen versenden und dieser Fall ist abgeschlossen.

Ich spüre den Stress der vergangenen Wochen. Zeit für eine Pause. Endlich Urlaub.

Abschalten und die Akkus wieder aufladen

Unternehmensberater arbeiten intensiv auf hohem Niveau. Lange Arbeitstage, anstrengende Reisen und knallharte Marktbedingungen prägen Deinen Beruf.

Daher: Plane Dir bewusst Ruhepausen ein. Phasen zum Innehalten, Abschalten und Reflektieren.

Oberste Devise lautet: raus aus dem Hamsterrad der Alltagsprobleme.

- Wann muss ich meine Business Hemden von der Wäscherei abholen?
- Bis wann geht die nächste Fassung des Projektberichts raus?
- Wie können wir Bestandskunden von unserem neuen Angebot begeistern?
- Welche Reiseroute werde ich nächste Woche zum Neukunden nehmen?

Mache Dich frei von den operativen Klein-Klein, von der ständigen Smartphone-Wischerei, vom permanenten im Empfangsmodus-Sein. Schalte regelmäßig ab. Und gewinne Distanz zur Hektik des Consulting Alltags. Beim Entspannen helfen Dir Auszeiten, die auch in der

Beratungsbranche mehr und mehr Einzug halten. Es gibt sie in den verschiedensten Formaten mit unterschiedlicher Länge, angefangen vom langen Wochenende bis hin zum mehrmonatigen Sabbatical.

Was keine Pause kennt, ist nicht dauerhaft.
– Publius Ovidius Naso, römischer Epiker

Aber Achtung: verfalle während Deiner Abwesenheit nicht in Deine üblichen Verhaltensmuster. Kein E-Mails Checken, kein Mailbox abhören, keine Textnachrichten. Du bist nicht erreichbar. Punkt! Gebe Dir stattdessen andere Aufgaben, die Deine Aufmerksamkeit binden und Dich in eine feste Struktur einbetten. Lade Deine Akkus auf und starte nach Deiner Entspannungsphase wieder richtig durch.

#2: Absteigen

„Nur noch ein Workshop und wir haben das Projekt.". Voller Zuversicht blickt mich mein Seniorkollege Walter an. Wir sitzen im nahegelegenen Bistro, genießen unsere Mittagspause.

„Seid ihr nicht schon seit drei Wochen an dem Kunden dran?" frage ich zurück.
„Das ist korrekt." antwortet Walter rasch und präzisiert stolz: „Insgesamt drei Telefonkonferenzen, zwei Workshops und letzte Woche dann unser Angebot.". „In Summe kommen wir auf 10 Arbeitstage.". 80 unbezahlte Stunden. Das ist eine hohe Investition.

Plötzlich vibriert das Handy von Walter und kündigt das Eintreffen einer neuen E-Mail an. „Ist vom Neukunden." fasst er knapp zusammen. „Dieser möchte den Workshop nun auf nächste Woche verschieben."

Bewusst absteigen und den Fokus ändern

Eine uralte Weisheit der Dakota-Indianer besagt: „Wenn Du entdeckst, dass Du ein totes Pferd reitest, steig ab.". Auch in der Beratung gibt es tote Pferde:

- Ein Projekt zur Ablösung des Customer Relationship Management Systems stößt auf Widerstände. Eigentlich ist jeder mit dem alten System zufrieden.
- Bereits zum fünften Mal treffen sich die Chefs Deines Unternehmens mit einer anderen Beratung zur Verhandlung eines Partnerschaftsvertrages.
- Seit Monaten bist Du mit einem möglichen Kunden in Kontakt. Dieser möchte seine Organisation agiler aufstellen, benötigt dazu Deine Fachexpertise.

Auf welche Pferde hast Du in Deiner Beraterarbeit gesetzt? Galoppieren diese alle noch munter und neugierig voran? Oder lahmen einige Deiner Pferde bereits?

Zu erkennen und anschließend zu akzeptieren, dass ein Projekt, eine Zusammenarbeit, ein Kunde, etc. nicht weiter tragen ist nichts Verwerfliches. Im Gegenteil: das Absteigen von einem Vorhaben setzt bisher gebundene Ressourcen frei. Mit der gewonnenen Zeit und Energie kannst Du aussichtsreichere Initiativen starten, Dich auf die gesunden und kräftigen Pferde fokussieren.

Wenn Du in einer Grube stehst,
solltest Du aufhören zu graben.
– unbekannt

Überprüfe regelmäßig die Tätigkeiten, Gewohnheiten, Kunden, etc. in Deinem Beraterleben und trenne Dich von denen, die zwar Aufwand bereiten, jedoch keinen Mehrwert liefern. Kurzfristig ist das vielleicht Schmerzhaft. Mittel- bis langfristig schaffst Du damit jedoch eine Basis für spannendere und profitablere Beratungsarbeit.

Übrigens ist es mit Walters Neukunden nichts geworden. Nach dem gemeinsamen Workshop gab der Kunde schmallippig zu verstehen, dass ihm leider das Budget fehlt. Walter vermutet, dass er das Projekt nun mit unserem Knowhow aber internen Kräften vorantreibt. Wer weiß...

#3: Abwägen

Sonntagabend 22:35 Uhr. Ich sitze an meinem Laptop und schreibe an einem Blogbeitrag für Consulting-Life.de. Eine E-Mail flattert in mein Postfach. Sie ist von Leon. Leon ist 23 und steht kurz vor seinem Masterabschluss. Aktuell – schreibt er mir – sei er in einer Orientierungsphase und ist dabei über meinen Blog gestolpert. Leons Frage: „Warum sollte ich Consultant werden?".

Sieben gute Gründe (k)ein Consultant zu werden

Lasse Deiner Kreativität freien Lauf und stelle Dir einen Boxkampf vor.

Auf der linken Seite im Ring: der Verteidiger des Berufsstands – Mr. Trusted Advisor.

- Projektmanagement, Business Analyse, People Skills – als Berater hast Du ohne Frage eine **steile Lernkurve**.
- Von der Erstellung von Angeboten bis zur Fertigstellung des Projektes – das Aufgabenspektrum eines Beraters ist **vielschichtig und abwechslungsreich**.
- Lange Arbeitszeiten, Reisestress, fordernde Klienten. Als ‚Schmerzensgeld' und ‚Halteprämie' zahlen viele Beratungen ein **fürstliches Salär**.
- Wechselnde Projekte bei unterschiedlichen Kunden verschaffen Dir Zugang zu **zahlreichen Kontakten**. Dein Netzwerk wächst. Kontinuierlich.
- Querdenker. Wissensarbeiter. Kreativlinge. Die Beratungsbranche ist voll von interessanten und **umtriebigen Menschen** die darauf warten Dich kennenzulernen.
- Consulting als Sackgasse für die Karriere? Vergiss es. Eher im Gegenteil. Unternehmensberatungen sind erstklassige **Sprungbretter** für Deine Laufbahn.

Was ist dein Beruf? Gut zu sein.
– Mark Aurel, römischer Kaiser

Nicht minder schlagkräftig: der Herausforder in der rechten Ecke des Rings – Mr. Non-Advisor.

- Es ist ein offenes Geheimnis, dass Du als Berater meist eine 50 bis **60 Stundenwoche** schiebst. Projekte, Reisen, Organisation – das alles kostet Zeit.
- Als Konsequenz der langen Arbeitswochen und Dienstreisen **leidet häufig Dein soziales Leben**. Schlimmstenfalls kommt es fast gänzlich zum Erliegen.
- Rechnest Du beim Netto-Gehalt pro Arbeitsstunde nach, ist Dein **Salär gar nicht mehr so fürstlich**. Es gilt Äpfel mit Äpfel zu vergleichen.
- Gar nicht einmal so selten sind Deine mit Herzblut konzipierten Modelle und Methoden **für die Schublade**. Die Prioritäten haben sich eben geändert.
- Jeder kann sich Berater nennen. Auch Dein Friseur oder Postbote. Die Konsequenz: Berater genießen eher ein **mittleres Ansehen**.
- Up-or-out, unbegrenzte Leistungsfähigkeit, ungezähmter Ehrgeiz – Beratung ist kein Ponyhof. Je nach Firma, mit mehr oder weniger **ausgefahrenen Ellenbogen**.

Verteidiger vs. Herausforder – wer gewinnt den Kampf?

Deine Entscheidung.

#4: Akquirieren

Marketing- & Vertriebsinitiative bei meinem Arbeitgeber. Bis Jahresende möchte dieser am Standort München zwei neue Kunden gewinnen. Dazu stellt der Geschäftsführer eigens einen Vertriebler ein. Dieser soll sein und das Netzwerk der Firma nutzen, um den Weg zu Neukundenprojekten zu ebnen. Der Vertriebler startet voller Tatendrang in das erste Quartal. Eine Vielzahl von Akquisetelefonaten findet statt. Ein Kennlerntreffen jagt das Nächste.

6 Monate später. Die Euphorie ist verflogen. Alle relevanten Kontakte sind abgegrast. Auf der Soll-Seite stehen zahlreiche Reisen, Termine und Hotelübernachtungen. Die Haben-Seite verzeichnet ein 10.000 Euro Vorprojekt bei einem Energiekonzern. Viel heiße Luft. Dabei hat sich der Vertriebler nie mit unseren Inhalten, Leistungen und Mehrwerten beschäftigt.

Berater akquirieren durch werthaltige Inhalte

Als Berater akquirierst Du immer. Vor-, während und nach dem Projekt. Anders als ein Hersteller oder Händler verkaufst Du eine Beratungsleistung. Deine geistige Fähigkeit, Probleme zu lösen und den Kunden in Wissensaufgaben zu unterstützen.

Dabei hast Du jedoch bei Neukunden ein Problem. Mit PowerPoint Folien und Excel Tabellen ist Deine Beratungsleistung sehr abstrakt. Auch wird ihr Nutzen erst nach Erbringung der Leistung sichtbar und ist obendrein oft noch schwer messbar. Was also tun?

Generiere bereits während der Akquisephase durch wertvolle Inhalte für den Interessenten einen Nutzen. Positioniere Dich als Experte und stelle eine Vertrauensbeziehung her.

- Veröffentliche regelmäßige **Publikationen**, die typische Probleme Deiner Kunden aufgreifen und für diese Lösungsansätze liefern.

- Besuche **Abendveranstaltungen**, Kongresse und Messen. Lerne dabei über die aktuellen Trends in der Branche und knüpfe neue Kontakte.
- Nutze aktuelle **Werkzeuge des Inbound Marketings**, wie Blog, Podcast oder Webinar, um mit Zielgruppen eine Beziehung aufzubauen.

Ein Unternehmen lebt nicht von dem, was es produziert, sondern von dem, was es verkauft.
– unbekannt

Im Unterschied zu Bestandskunden, musst Du Neukunden zunächst für Dein Angebot interessieren, im zweiten Schritt mit ihnen eine Beziehung eingehen und schließlich den konkreten Bedarf ermitteln. Das braucht Zeit. Erst dann erfolgen Angebot und Beauftragung.

Wie der oben geschilderte Vertriebler direkt bei der Bedarfsanalyse bzw. gar beim Angebot einzusteigen funktioniert in den seltensten Fällen. Welcher Kunde geht schon gerne mit einem unbekannten Berater ein Risiko ein?

#5: Anforderern

Workshop beim Kunden. Unser Ziel ist die Konzeption einer neuen App. Auf einen Blick sollen die Produktionsleiter die Auslastung ihrer Fertigungsstraßen erfassen können. Ich stehe an der Pinnwand, komme mit dem Schreiben und Anheften der Ideen-Karten kaum hinterher.

„Die App muss unbedingt nutzerfreundlich sein." ruft Produktionsvorstand Klaus Peter. „Genau. Eine Integration zu unserem SAP muss ebenfalls existieren." ergänzt Juliane Stein aus der Finanzabteilung. „Kollegen!" fährt Natascha Weiß, der CTO in der Firma, fort: „Vergesst bitte nicht die Unterstützung von Apple und Samsung Geräten. Unsere Produktionsleiter haben beide Typen im Einsatz.".

Beratungsprojekte sind voll von Anforderungen

Im Beraterallltag begegnen sie Dir fast überall: die Anforderungen.

- Der **Produktmanager** drängt auf die Veröffentlichung des Produktes bis Jahresende.
- Der **CTO** verlangt die Standardisierung der IT-Landschaft auf Basis von Cloud Lösungen.
- Ein **Fachbereichskollege** möchte, dass das neue Tool auch nach Excel exportieren kann.
- Die **Sekretärin** wünscht sich eine grüne Hintergrundfarbe für ihre neue Bürosoftware.

Eine Anforderung ist eine Fähigkeit oder Eigenschaft einer Lösung. Achte auf den kleinen aber feinen Unterschied zu einem Ziel (z.B. ‚Erhöhung Kundenkontakte um 10% bis Jahresende') und einer Aufgabe (z.B. ‚Hans Peter stellt die Abschlusspräsentation bis Freitag fertig').

Unterscheide zwischen Anforderungen an das Projekt und Anforderungen an die Lösung.

- **Anforderungen an das Projekt** gelten nur bis zum Projektende. Das sind beispielsweise zeitliche Rahmenbedingungen oder Vorgaben zum Vorgehen.
- **Anforderung an die Lösung** gelten auch nach Projektabschluss. Das können zum Beispiel Funktionen eines IT-Systems oder dessen Verhalten sein.

Halte alle im Projekt geäußerten Anforderungen strukturiert fest. Neben dem Anforderungstext notierst Du zudem die Quelle der Anforderung (z.B. Person ‚Hans Peter', System ‚Omega'), den Zweck (z.B. Einsparung Energiekosten) den Status (z.B. dokumentiert, abgestimmt), die Priorität (z.B. gering, hoch) sowie eine eindeutige ID (z.B. #34).

Je mehr Einsicht, desto größere Anforderungen und, werden sie erfüllt, desto mehr Genuss.
– Baltasar Gracián y Morales S.J., spanischer Schriftsteller, Hochschullehrer und Jesuit

Ist eine Anforderung erst einmal notiert, musst Du diese anschließend nachhalten. Oft ‚reift' eine Anforderung mit der Zeit, das heißt ihre Priorität, Umsetzungsfrist, etc. ändern sich. Nutze bei einer Vielzahl von Anforderungen Tools, um alle an Dich herangetragenen Wünsche und Bedarfe systematisch aufnehmen und managen zu können.

#6: Angewöhnen

„Kannst Du mir sagen, wie es mir gelingt, einen Blogbeitrag für unsere Webseite zu schreiben?“. Unser neuer Consultant Moritz blickt mit fragenden Augen an. „Seit Wochen probiere ich, etwas aufs Papier zu bringen. Aber irgendwie komme ich nicht dazu. Und wenn dann doch einmal Zeit vorhanden ist, fällt mir nichts ein.“. Ich überlege kurz. Das Phänomen kommt mir bekannt vor…

Die Macht der Gewohnheit

Was ist mächtiger als jede Willenskraft? Die Gewohnheit! Diesen Umstand kannst Du für Deine Beraterarbeit nutzen. Lenke dazu Deine Energie nicht auf den Willen, sondern auf die Etablierung von monatlichen, wöchentlichen oder gar täglichen Ritualen. Einige Beispiele:

- Jeden Morgen schreibst Du 30 Minuten an einem Fachartikel.
- Für Freitagnachmittag blockst Du 30 Minuten, um Dich mit einem Buch weiterzubilden.
- Am letzten Montag im Quartal aktualisierst Du Dein Beraterprofil, reflektierst gleichzeitig auslaufende und zu Ende gegangene Projekte.

Je öfters, desto besser. Besonders wirksam wird ein Ritual, wenn Du dieses mit bestehenden Gewohnheiten verkettest. Beispielsweise frühmorgens an einem Arbeitstag:

1. Kollegen begrüßen (wie immer)
2. Kaffee ziehen (wie immer)
3. 30 Minuten Publikation schreiben (neu)

Nimm Dir einfach vor, der neuen Gewohnheit für die nächsten vier Wochen nachzugehen. Hat sie sich dann nicht eingestellt, tauschst Du sie gegen ein anderes Ritual aus. Je schneller und einfacher die Gewohnheit aufgenommen werden kann, desto besser. 15 Minuten

After Work Training mit dem eigenen Körpergewicht, lässt sich einfacher realisieren als 30 Minuten Anfahrtszeit zum Fitnessstudio.

Eine Angewohnheit kann man nicht aus dem Fenster werfen. Man muss sie die Treppe hinunterboxen, Stufe für Stufe.
– Mark Twain, US-amerikanischer Schriftsteller

Eine Gewohnheit besteht aus drei Elementen: Reiz, Routine, Belohnung. Auch hier ein Beispiel:

1. Du hast lange gearbeitet und brauchst eine Pause (Reiz).
2. Du pilgerst zur Kaffeeküche und greifst Dir Kaffee und Schokoriegel (Routine).
3. Koffein und Zucker erzielen ihre Wirkung. Du fühlst Dich revitalisiert und etwas erholt. Nebenbei triffst Du auf einen Kollegen und bist nun am diskutieren (2x Belohnung).

Tausche die Routine aus, wenn Du schlechte Gewohnheiten durchbrechen möchtest. Sehnst Du Dich nach einer Pause (Reiz), gehst Du nicht zur Kaffeeküche (alte Routine), sondern unternimmst einen kleinen Spaziergang (neue Routine). Frische Luft und Bewegung (Belohnung) sind gesünder als Kaffee und Schoko.

#7: Antizipieren

„Nach dem Meeting wird es viele Fragen geben.“. Stephanie – Senior Managerin bei uns – blickt mir fest in die Augen und fährt fort. „Das Gremium wird beschließen, dass für eine Entscheidung unzureichende Fakten vorliegen. Diese muss jemand erst erheben, das ganze Thema fachlich tieferlegen.“.

Ich ahne vorauf Stephanie hinauswill. Interviews müssen durchgeführt, Dokumente gesichtet und Meetings einberufen werden. Extraaufgaben für ein kleines aber feines Zusatzprojekt.

Beim Consulting die Zukunft fest im Blick

Wo steht morgen Dein Projekt? Nächte Woche? Im folgenden Monat?

Im hier und jetzt zu Beraten ist gut. Das will der Kunde, dafür hat er Dich beauftragt. Noch besser für den Gesamterfolg ist es jedoch, den Blick regelmäßig nach vorne schweifen zu lassen. Das betrifft den unmittelbaren nächsten Projektschritt gleichermaßen wie die weit entfernt im Nebel liegende Zukunft. Nützliche Leitfragen:

- Welche Fragen werden im nächsten Meeting gestellt werden?
- Auf welche Projektaufgaben konzentrieren wir uns in genau einer Woche?
- Mit welchen Themen werde ich mich nach dem Engagement befassen?
- Wo stehe ich, der Kunde und unser Unternehmen im nächsten Jahr?

Nicht das Glaskugel-Lesen, sondern das Abschätzen auf Basis Deiner Erfahrung sowie das Denken in verschiedenen Szenarien führen zum Ziel.

- Wie entwickelt sich ein bestimmter Aspekt in Deinem Job im schlechtesten, besten oder durchschnittlichen Fall?

- Welche zeitlichen, finanziellen, etc. Auswirkungen hat das für mich, dem Kunden und mein Unternehmen?
- Was kann ich heute für ein besseres Morgen tun?

Prognosen sind schwierig,
besonders wenn sie die Zukunft betreffen.
– Karl Valentin, Kabarettist / Mark Twain, Schriftsteller / Niels Bohr, Naturwissenschaftler

Mit dem Reflektieren der nächsten Schritte, übernimmst Du im Interview, Workshop und Gesamtprojekt die methodische Führung. Nicht durch stumpfe Anweisungen, Aufforderungen oder Vorgaben. Sondern durch konstruktive und durchdachte Empfehlungen, Hinweise und Fragen.

Beziehe einen Kollegen, Deinen Mitarbeiter oder den Kunden in diesen Prozess mit ein. Signalisiere, dass Du bereits auf der nächsten Seite des ‚Projektbuches' bist. Wie ein Kapitän, der gemeinsam mit seinem ersten Offizier den Blick über den Horizont schweifen lässt.

#8: Aufpassen

Montagabend 18:30 Uhr. Ein internes Status-Telefonat steht im Kalender. Ich sitze immer noch im Office des Kunden, bereit für die letzten 30 Minuten des langen Arbeitstages.

Pünktlich zur vereinbarten Zeit klinke ich mich in die Telefonkonferenz ein. Noch bin ich der Erste in der Leitung, nacheinander wählen sich meine drei Kollegen ein. 18:38 Uhr sind wir endlich vollzählig und können beginnen.

Leider stört ein nerviges Hintergrundrauschen unseren Call. Ein Kollege entschuldigt sich, aber er sitze parallel im Auto. Dann hören wir ein leises Klappern. Offenbar tippt einer der Teilnehmer parallel an seiner Tastatur. Kollege 3 meldet sich überhaupt nicht zu Wort, hat vermutlich sein Telefon auf stumm geschaltet.

Beraten im Hier und Jetzt

Liest Du gerade diesen Performance Tipp? Oder bist Du mit Deinen Gedanken woanders?

Wir alle kennen es aus unserem Berateralltag:

- Parallel zum Meeting texten einige der anwesenden Personen auf ihren Smartphones fleißig E-Mails.
- Während einer Telko surfen gering involvierte Teilnehmer im Internet und reagieren verstört, wenn man sie auf ein Detailthema anspricht.
- Ein Kollege spielt mit seinem Smartphone während Du ihm bezüglich eines Projektes auf den aktuellen Stand bringst.
- Statt den Ausführungen des Kunden zu folgen, bist Du bereits im Wochenende.

Exzellentes Consulting ist Aufmerksamkeit. Richte Deinen Fokus auf die eine Sache, die Du gerade tust. Genau eine Sache. 100 Prozent Konzentration. 100 Prozent Präsenz.

Jeglicher Anlass sei dir für eine Aufmerksamkeit recht.
– Ovid, römischer Dichter

Vielleicht wendest Du jetzt ein, dass Dein Beratertag stressig ist, Du die Dinge parallel angehen musst. Erstens beschleunigt paralleles Arbeiten nicht, wie viele unabhängige Studien empirisch nachgewiesen haben. Zweitens ist Dein Tag – mit Verlaub – im Vergleich zum Pensum anderer Akteure (z.B. bedeutende CEOs, wichtige Firmenlenker, hochrangige Manager) nicht stressig.

Wenn Du einer Aufgabe, einem Termin oder irgendeiner Sache in Deinem Beratungsjob zusagst, dann erledigst Du sie mit vollem Bewusstsein, arbeitest im Hier und Jetzt mit ganzem Einsatz. Andernfalls lehnst Du die Tätigkeit ab. Fertig.

#9: Ausfüllen

„Was macht eigentlich ein Unternehmensberater den gesamten Tag über?“. Fragend blickt mich mein Freund Achim über den Rand seiner Bierflasche an. Nach einem harten Arbeitstag sitzen wir beide ermattet in einer Sportbar in Hannover. Aktuell bin ich hier auf Projekt, Achim arbeitet in Niedersachsen bei einem mittelständischen Technologiegruppe. „Nun,...“ beginne ich mir die richtigen Worte zurechtzulegen „...das kommt ganz darauf an.“.

Die 7+3 (in)offiziellen Rollen eines Beraters

Berater ist Berater ist Berater. Falsch! Als Consultant nimmst Du ganz unterschiedliche Rollen ein. Je nach Projekt, Kunde sowie Deinem Erfahrungsschatz. Offiziell hast Du folgende Funktion:

- Als **Konzeptentwickler** arbeitest Du an Analysen, Methoden und Modellen zur Lösung eines bestimmten Kundenproblems.
- In der Rolle des Implementierers unterstützt Du den Kunden bei der Umsetzung.
- Zudem kannst Du beim Kunden als **Manager** agieren, beispielsweise interimsweise für eine Abteilung oder ein Projekt.
- Als **Auditor** bewertest Du den aktuellen Zustand eines Unternehmensteils.
- Als **Trainer** vermittelst Du fachliches, methodisches bzw. soziales Wissen und Fähigkeiten an Gruppen oder Einzelpersonen.
- Als **Coach** agierst für den Kunden als Sparringspartner, reflektierst und entwickelst.
- Schließlich übernimmst Du als **Mediator** die positive Gestaltung der internen- und -externen Beziehungen im Unternehmen.

Häufig übernimmst Du im Kundenprojekt mehrere Rollen gleichzeitig. In einem IT-Rollout Projekt kannst Du zum Beispiel als

Konzeptentwickler, Implementierer und Trainer wirken. Oft determinieren Dein Wissen und Alter die möglichen Rollen. Handelt ein Jungberater aufgrund der überschaubaren Erfahrung meist in der Rolle des Implementierers, so wirkt sein Seniorkollege als Projektleiter oder Coach.

Wer Berater sein will, sollte wenigstens wissen, was ein Berater ist.
– Helmut Schmidt, deutscher Politiker und Bundeskanzler

Doch halt! Wir sind noch nicht ganz fertig. Es gibt drei weitere inoffizielle Rollen eines Beraters:

- In der Funktion eines **Souffleurs** lieferst Du dem Kunden Informationen, Wissen und Erfahrung. Diese gibt der Klient dann als seine eigenen Ideen aus.
- Andersherum gibst Du als **Strohmann** die Meinung, Wünsche und Ideen des Kunden als Deine eigenen Vorschläge aus.
- Last but not least kannst Du ungewollt in die Rolle eines **Sündenbocks** gedrückt werden. Häufig dann, wenn das Projekt in Schieflage gerät.

Als erfolgreicher Berater kennst Du Deine Projektrollen, die Erwartungen, Pflichten und Kompetenzen. Und füllst diese aktiv aus.

#10: Ausrüsten

Die erste volle Arbeitswoche im Januar. Pünktlich zum Jahresbeginn erhält unser Office eine Renovierung. Die Wände werden geweißt und alle Arbeitstische ausgetauscht. Die Maler arbeiten in einem abgesperrten Bereich unseres Großraumbüros parallel zum Beratungsbetrieb.

Von meinem Schreibtisch aus kann ich die Maler beim Schaffen beobachten. Alle Handwerker haben einen Malerkoffer in denen sie ihr Equipment wie Pinsel, Abklebeband, Spachtel und Zollstock verstauen. Die Ausrüstung ist tipptopp gepflegt. Effizient gehen sie ans Werk.

Nach zwei Tagen funkelt unser Office in einem hellen freundlichen Ton. Alle Kollegen sind von der exzellenten Malerarbeit begeistert.

Gutes Werkzeug, gute Arbeit

Kleidung? Check!

Auftreten? Check!

PowerPoint Folien? Check!

Equipment? In welchem Zustand befindet sich eigentlich Deine Consulting Ausrüstung? Als Berater nutzt Du Hilfsmittel für Deine Dienstleistung. Ich meine nicht nur die naheliegenden Dinge wie Laptop, Smartphone und Business-Klamotten.

- In welchem Zustand ist Dein **Schreibmaterial**? Funktionieren alle Kugelschreiber, Text-Marker und Notizblöcke?
- Hast Du ausreichend **Visitenkarten** einstecken? Enthalten diese Deine aktuellen Kontaktdaten, Position und Firmeninformationen?

- Welchen Eindruck machen Deine **Koffer**, Taschen und Business-Rücksäcke? Versprühen diese immer noch einen wertigen und professionellen Eindruck?
- Ist Dein **elektronische Equipment** wie Laptop, Smartphone und Konferenz-Lautsprecher ebenfalls sauber und gepflegt?
- Haben **Laserpointer**, Wireless Maus und schnurloses Headset weiterhin Energie? Oder müssen die Batterien ausgewechselt werden?

Investiere regelmäßig etwas Zeit und Geld in Deine Consulting Ausrüstung. Zum einen, um Deine Ergebnisse effizient zu erstellen. Zum anderen, um Deinen Kunden zu signalisieren, dass hier ein Experte am Werk ist.

Wenn ich acht Stunden Zeit hätte um einen Baum zu fällen, würde ich sechs Stunden die Axt schleifen.
– Abraham Lincoln, ehemaliger US-amerikanischer Präsident

Etwas weiter gefasst betrifft dies auch Deine Ausstattung im Office, insbesondere bei Besuch von Partnern und Kunden. Arbeiten die Projektoren einwandfrei? Sind die Flipcharts mit neuen Stiften und Papier bestückt? Liegen ausreichend Notizblöcke bereit?

Signalisiere fehlendes Material an das Back-Office. Mit einwandfreien Equipment arbeitet es sich gleich viel besser.

#11: Balancieren

„Du willst schon gehen?“. Mein neuer Kollege Charles blickt mich ungläubig an. „Ja wieso? Ist doch alles fertig für heute.“ gebe ich zurück und beginne meine Tasche zu packen.

Doch statt die Unklarheiten zu beseitigen, irritiert meine Antwort Charles zusätzlich. „Ich dachte Unternehmensberater haben mindestens einen 10-Stundentag.“ fragt er weiter.

„Ja, das stimmt. Wenn es für den Kunden oder uns einen Mehrwert stiftet.“ antworte ich knapp und füge hinzu „Der Kunde ist heute nicht mehr da und unsere Vorbereitung für den morgigen Workshop steht. Zeit, die eigenen Akkus für Morgen aufzuladen.“.

Berater sind Menschen, keine 24/7 Maschinen

40 Stunden? 50 Stunden? 60 Stunden? Wie lang ist Deine Arbeitswoche? Unternehmensberater sind weniger dafür bekannt, bereits nach 35 Stunden den Stift fallen zu lassen. Im Gegenteil: für Consultants gilt eine lange Arbeitswoche häufig als Statussymbol. Das Motto: „Schaut her, wie lange ich für meine Kunden im Einsatz bin!“. Doch ist das smart?

Tatsächlich bist Du als Berater ein klassischer Dreikämpfer. Deine Hauptdisziplin ist die Projektarbeit inklusive Reise. Um auch zukünftig für den Markt attraktiv zu bleiben, musst Du Dich kontinuierlich weiterbilden. Schließlich besteht Deine letzte Aufgabe im Marketing & Vertrieb neuer Kunden und Projekte. Ein dünnes Brett sieht anders aus.

Erst die Balance aus Selbst- und Fremdbestimmung, mit einem deutlichen Ausschlag zu ersterem, lässt unser Leben gelingen.
– Helmut Glaßl, deutscher Aphoristiker

Doch lässt sich das Alles auch in 40 Wochenstunden erledigen, wenn Du umsichtig und mit klaren Ziele an die Sache herangehst. Dazu einige Tipps:

- Nicht jeder Arbeitgeber fährt das Geschäftsmodell '60-Stundenwoche'. Speziell im Mittelstand finden sich Work-Life-kompatible Beratungen.
- Auch Kunden können arbeiten. Warum jeder „Hätte-ich-auch-gerne" Aufgabe hinterherjagen?
- Praktikanten, Werkstudenten und Azubis freuen sich über delegierte Aufgaben.
- Entweder Du kannst zu einem Treffen beitragen oder aus diesem Infos mitnehmen. Andernfalls handelt es sich um Meeting-Tourismus und damit Zeitverschwendung.
- „Können wir später reden?", „Bitte sende mir eine E-Mail.", „Nein!" – es gibt zahlreiche Strategien, um Aufgaben diplomatisch aber bestimmt abzulehnen.

Bevor Du Dich um Deinen Kunden kümmern kannst, musst Du Dich zunächst um Dich selbst kümmern. Lege Pausen ein und beschließe einen Arbeitstag, wenn Du alle wichtigen Aufgaben geleistet hast. Wechsle Deine Einstellung von einer Zeit- zu einer Ergebnisorientierung. Finde die richtige Balance zwischen Berater- und Nicht-Beraterjob.

#12: Beauftragen

Donnerstagnachmittag. Unser wöchentlicher Jour Fixe steht an. Ich moderiere den Termin, bitte meinen Juniorkollegen Christian die Aufgabenliste zu führen. Pünktlich 14:00 Uhr starten wir das Meeting. Die anschließende Stunde vergeht im Flug. Alle Teilnehmer berichten von ihren Ergebnissen, Herausforderungen und den nächsten Schritten. Emsig notiert Christian die neuen Aufgaben, hakt erledigte ab bzw. präzisiert weiterhin bestehende Verpflichtungen.

Im Nachgang zum Jour Fixe setzen sich Christian und ich zusammen, um gemeinsam durch die Aufgaben zu gehen. Ich überfliege kurz die Liste, wende mich dann an meinen Kollegen: „Was kann ich unter Aufgabe 5 verstehen?“. Christian liest die Aufgabe, kann sich jedoch auch keinen Reim auf seine Notizen machen. „Wer ist denn für Aufgabe 19 verantwortlich?“ will ich weiterwissen.

Die Aufgabe – spezifisch, zugewiesen und terminiert

Im Geschäftsleben beantwortet eine gute Aufgabe die Frage „Wer macht was bis wann?“.

- **Wer** – der Verantwortlicher für eine Aufgabe. Diese Person schuldet dem Projektteam das Ergebnis. Sie kann die Aufgabe delegieren, ist aber weiterhin für eine fristgerechte Lieferung verantwortlich.
- **Was** – die Beschreibung der Aufgabe, so spezifisch und klar wie möglich. Nicht die Tätigkeit, sondern das gewünschte Resultat steht im Fokus.
- **Bis wann** – die Terminfrist für die Aufgabe. Daher: bis wann sollen die aus der Verpflichtung entstehenden Ergebnisse spätestens vorliegen.

Eine Aufgabe hat immer genau einen Verantwortlichen. Dieser kann andere Personen konsultieren, informieren oder um Unterstützung bitten. Letztlich bleibt er jedoch in Verantwortung.

Unsere Hauptaufgabe ist nicht, zu erkennen, was unklar in weiter Entfernung liegt, sondern zu tun, was klar vor uns liegt.
– Thomas Carlyle, schottischer Essayist und Historiker

Vergib jeder Aufgabe in Deiner Liste eine eindeutige Nummer. Oft ist auch eine selbsterklärende Kategorie sinnvoll. Mit dieser ordnest Du die Aufgabe in eine bestimmte Schublade, beispielsweise Themengebiet, Teilprojekt oder Zielgruppe. Praktisch auch, wenn Du den Status einer Aufgabe notierst. Verwende ‚Offen', ‚Erledigt' und ‚Entfällt' als mögliche Zustände.

Häufig werden in Meetings Aufgaben in die Luft geworfen, ohne diese vollständig zu definieren. Habe keine Scheu, explizit nachzuhaken. Ist das eine Aufgabe? Wer soll diese bis wann erledigen? Wie kann ich die Aufgabe verstehen? Kurzfristig stören sich die Teilnehmer vielleicht an Deiner Genauigkeit. Mittel- bis langfristig ist jeder froh, dass Klarheit über die Verpflichtung besteht.

#13: Begeistern

Ich habe ein neues Projekt mit einem Juniorberater zu besetzen. Unsere Aufgabe ist die Ausarbeitung eines neuen Geschäftsmodells für einen Kaffeeautomatenhersteller. Um zügig in die Gänge zu kommen, schicke ich direkt nach Auftragseingang eine Nachricht an zwei unserer Neuzugänge.

Von Alexander erhalte ich innerhalb von zwei Stunden eine Antwort. Gerne würde er unterstützen. Das Thema Business Models war Teil seines kürzlich abgeschlossenen Studiums. Der elektronischen Nachricht von Alexander liegen drei Buchtipps bei. „Toll." denke ich „Dann habe ich direkt Lektüre für den Start.".

Verena meldet sich erst am nächsten Abend in einer knappen E-Mail. Prinzipiell könnte sie aushelfen. Selten fällt meine Entscheidung so einfach aus...

Erwartungen kennen und regelmäßig übertreffen

Kennst Du die Beraterfloskel ‚Over-promise & Under-deliver'? Consultants wird oft nachgesagt, dass sie mehr versprechen als sie letztendlich in ihrem Engagement dann auch halten. Für Dich eindeutig der bessere Pfad ist ‚Under-promise & Over-deliver' – Du erfüllst mehr, als Du ursprünglich zugesagt hast. Das geht bereits mit Kleinigkeiten los. Drei kleine Beispiele:

- Dein Kunde nimmt gerne einen Ausdruck der für ihn erstellten Unterlagen in seine Meetings. Du achtest darauf, dass alle von Dir vorgelegten Excel Tabellen, Word Dokumente und PowerPoint Präsentationen gedruckt ansprechend aussehen.
- Deinem Kunden fällt die englische Sprache schwer, speziell bei Fachbegriffen gerät er regelmäßig ins Schleudern. Du fertigst ein kleines Projektglossar an, welches die wichtigsten Begriffe nebst der Übersetzung ins Englische enthält.
- Dein Kunde möchte in seinem Projekt klare Verantwortungen und jederzeit Transparenz über den Ist-Stand. Du kümmerst

Dich persönlich um die Aktualisierung des Terminplans und der Aufgabenliste.

> **Ein guter Berater kennt seine Mission, seine Berufung und seinen Zweck der Existenz. Deshalb kann er ein Umfeld bereiten, das anderen Menschen die Kraft und die Leidenschaft gibt, die nächste Ebene ihrer Entwicklung zu erreichen.**
> – Torsten J. Koerting, deutscher Unternehmer und Game Changer

Wichtig ist, die Erwartungen Deines Kunden zu kennen. Welche Kommunikationsform bevorzugt er? Persönlich, E-Mail oder Telefon? Wie sieht für ihn der perfekte Statusbericht aus? Was sollte aus seiner Sicht in einem Meeting-Protokoll zu finden sein? Sind Dir seine Anforderungen bekannt, kannst Du diese mit gezieltem Einsatz übertreffen.

Beobachte und stelle Fragen, und ermittle auf diese Weise die Vorlieben, Bedarfe und Abneigungen. Anschließend überlegst Du, wodurch Du übererfüllen kannst. Begeistere Deinen Kunden. Erzeuge einen Wow-Effekt.

#14: Begrüßen

Kick-Off Termin beim Kunden. Heute lernt sich das Projektteam kennen und wird auf das gemeinsame Vorhaben eingeschworen. Als externer Consultant kenne ich keinen der Teammitglieder. Aber das wird sich in wenigen Minuten ändern.

Ich betrete den Meeting-Raum, wo bereits fünf Kundenmitarbeiter warten. Der Projektleiter stellt mich vor und ich mache die Runde. Jedem meiner neuen Projektkollegen schüttle ich die Hand, blicke in die Augen und stelle mich kurz mit Namen und Firma vor. „7 Sekunden." fährt es mir durch den Kopf „7 Sekunden prägen den ersten Eindruck.".

Per Begrüßung eine Vertrauensbasis legen

Wie oft grüßt Du am Tag? Zweimal? Fünfmal? Weiß nicht?

Gute Ergebnisse reichen einem Kunden nicht. Auch Dein Verhalten zählt. Ein wichtiger Baustein dabei ist die Begrüßung. Mit ihr gibst Du Deinem Gegenüber zu verstehen, wie wichtig er und sein Anliegen für Dich sind. Zudem signalisierst Du Dein Selbstvertrauen. Ein persönlicher Gruß findet auf drei Ebenen statt:

Die auditive Ebene
Als Consultant bist Du die rangniedrigste Person im Kundenunternehmen und grüßt daher mündlich immer als Erster. Auch beim Betreten eines Raumes greift diese Regel. Wartest Du sitzend auf Deinen Gesprächspartner, stehst Du bei der Begrüßung als Geste der Höflichkeit auf. Entgegne einen mündlichen Gruß möglichst mit den gleichen Worten und lasse akademischen Titel in Deine Begrüßungsformel einfließen.

Die visuelle Ebene
Sowohl für die mündliche als auch physische Begrüßung per Handschlag gilt: blicke Dein Gegenüber direkt und freundlich in die Augen. Ein Augenkontakt schafft eine respektvolle, ehrliche und

vertrauensvolle Gesprächsbasis. Im Gegensatz wirkt ein ausweichender Blick unsicher, ängstlich bzw. gar unterwürfig.

Unsere Blicke aber ersetzen alle Worte.
– Jean-Jacques Rousseau, schweizer Philosoph

Die haptische Ebene

Dein Handschlag fällt fest und verbindlich aus, die Hand des Gegenübers ist vollständig umfasst. Dein Ziel ist es, Vertrauen aufzubauen und Bestimmtheit zu demonstrieren. Zeitlich liegt ein guter Händedruck zwischen 2 bis 3 Sekunden. Im Gegensatz zur reinen mündlichen Begrüßung entscheidet der Kunde, ob er Dir die Hand reicht. Nimm beim Handschlag Deine beiden Hände aus den Hosentaschen.

Auf allen drei Ebenen grüßt Du meist beim ersten Kennenlerntreffen wie einem Kick-Off oder einer Bedarfsanalyse. Im Projektalltag dominiert dann der mündliche Gruß in Kombination mit einem kurzen Blickkontakt.

#15: Beobachten

Montagmorgen. Projektauftakt beim Neukunden. An der Eingangspforte empfängt mich der interne Ansprechpartner Herr Vogel. „Lassen Sie uns erst einmal einen frischen Kaffee holen, dann führe ich Sie in das Projekt ein." sagt er und macht sich auf den Weg. Dem Koffein nicht abgeneigt, folge ich Herrn Vogel bereitwillig zur Kaffeeküche.

Dort angekommen, erblicke ich sieben verschiedene Kaffeeautomaten. „Sieben Maschinen! Wer nutzt diese denn?" frage ich erstaunt. „Leider konnten wir uns nicht auf einen gemeinsamen Automaten einigen." entschuldigt sich Herr Vogel und ergänzt „Meine Maschine ist die ganz linke. Bitte. Bedienen Sie sich einfach."

Beraten heißt Beobachten

Beobachten ist eine oft unterschätze, jedoch sehr wichtige Fähigkeit eines guten Beraters. Statt zu Reden oder Fragen zu stellen, analysierst Du die aktuelle Situation.

- Welchen ersten Eindruck hinterlassen die Arbeitsräume des Kunden?
- Wie bewegen sich die Mitarbeiter durch die Büros?
- Welche Kundenmitarbeiter interagieren wie miteinander?
- Was wird wann durch wen getan? Was wird nicht getan?
- Wie ist die Mimik und Gestik in den Gesprächen?

Im oberen Beispiel signalisieren sieben Kaffeemaschinen, dass die Belegschaft bereits bei dem Thema Kaffee keinen Konsens findet. Wenn schon in Sachen Heißgetränk keine Einigkeit besteht, wie verhält es sich da bei kritischeren Aufgaben?

- Zusammenarbeit an einem Projektziel
- Auswahl und geteilte Nutzung eines IT-Systems
- Tägliche operative Teamarbeit

Wer genau wissen will, was er wert ist, braucht nur zu beobachten, was er tut und denkt, wenn er allein ist.
– Franz Schönthan von Pernwaldt,
österreichischer Autor und Schauspieler

Unternehmensberater reden gerne über Probleme, Lösungsansätze, Frameworks, Best Practices und Lessons Learned. Dabei liegt die Antwort zur Frage häufig nicht bei ihnen, sondern bei ihren Kunden. Es gilt das alte Sprichwort „Reden ist Silber, Schweigen ist Gold.". Und während Du schweigst und dem Kunden zuhörst, beobachtest Du, und sammelst auf zwei Ebenen gleichzeitig Fakten.

Falls ein Kollege mit Dir im Treffen war, lohnt sich der anschließende Austausch. Nicht nur zu den besprochenen Punkten, sondern ebenfalls zu Euren Observationen. Vier Augen beobachten mehr als zwei.

#16: Besprechen

Projektabschlusspräsentation. Endlich. Im finalen Meeting mit dem Steuerkreis wollen wir die Ergebnisse präsentieren und unser Beratungsunternehmen für einen Folgeauftrag empfehlen.

Silvia – Beraterin und Leiterin des Projektes – hat zur Abschlussveranstaltung geladen. Kurz vor knapp erscheint sie zum Treffen, klappt ihren Laptop auf und versucht diesen mit dem Beamer zu verbinden.

Die Minuten verstreichen, das Meeting hat längst begonnen. Silvia geht die einzelnen Bildschirmkonfigurationen durch, testet verschiedene Beamerkabel. 10 Minuten später erscheint endlich die erste Slide und wir können loslegen.

Meeting-Zeit ist eine teure Zeit

Kennst Du den Preis für Dein letztes Meeting?

Nein?

Aktiviere einfach bei Deiner nächsten Besprechung die Stoppuhr Deines Smartphones und halte diese am Ende der Zusammenkunft wieder an. Die verstrichene Zeit multiplizierst Du mit der Anzahl der anwesenden Personen und errechnest somit den Gesamtzeitbedarf. Multipliziere diesen Wert schließlich mit dem durchschnittlichen Stundensatz der Teilnehmer. Das Produkt sind die Gesamtkosten für das Meeting.

Beispiel: Nehmen Personen mit einem Durchschnittsstundensatz von 100 Euro an einem 60-Minunten Meeting teil, dann kostet die Unterredung schlappe 500 Euro. Kosten für Vorbereitung, Organisation, Nachbereitung, Räumlichkeiten und Technik sind dabei nicht mit einkalkuliert. Ebenfalls nicht enthalten sind die

Opportunitätskosten, daher die Aktivitäten welche die Teilnehmer statt dem Meeting im Projekt hätten vorantreiben können.

> **Es ist nicht zu wenig Zeit, die wir haben,**
> **sondern es ist zu viel Zeit, die wir nicht nutzen.**
> – Lucius Annaeus Seneca, römischer Philosoph, Dramatiker, Naturforscher, Politiker

Je mehr Personen, je höher ihr Tagessatz und je länger die Dauer, desto höher der Gesamtbetrag für ein Meeting. Fängt das Projekttreffen nun wegen einer Verzögerung 10 Minuten später an, dann wird buchstäblich Geld verbrannt.

Diese Rechnung gilt nicht nur bei Meetings. Ob nun Workshops, Telefonkonferenzen, Jour Fixes oder Video-Calls: jedes Mal, wenn Personen in der Geschäftswelt zur gleichen Zeit – also synchron – miteinander interagieren wird es teuer.

Schätze die Zeit Deiner Kollegen und Kunden, insbesondere bei Besprechungen. Bereite jedes von Dir verantwortete Meeting organisatorisch, inhaltlich und technisch tipptopp vor. Erscheine überpünktlich und mache Dich im Vorfeld mit den Räumlichkeiten bzw. den technischen Feinheiten vertraut. Verstrichene Zeit ist wertvoll und kann (anders als Geld) nie zurückgewonnen werden.

#17: Dienen

„Jetzt bin ich bei einer 60-Stunden Wochen angelangt.“. Julio schaut mich erschöpft aus seinen müden Augen an. „Momentan stemme ich drei Kundenprojekte sowie eine interne Initiative. Jetzt drängt mein Chef auch noch, dass ich meine IT-Kenntnisse auffrische.“.

Resigniert schlürft Julio an seinem Kaffee. Bereits drei Pappbecher stehen vor ihm, alle fein säuberlich aufgereiht. Vor einer Stunde, bin ich mir sicher, war sein Tisch noch leer.

„Klar, bis Jahresende möchte ich befördert werden.“ führt Julio seinen kleinen Monolog fort. „Doch wo sollte ich mich investieren?“.

Als Berater dienst Du vielen Herren

Machen wir uns nichts vor: in der Rolle des angestellten Beraters steht und fällt Deine berufliche Laufbahn mit der Zufriedenheit Deiner Vorgesetzten. Im Gegensatz zur Industrie, hast Du jedoch die Anforderungen von mehr als nur einem Chef zu erfüllen:

- Dein direkter disziplinarischer Vorgesetzte wird Dir meist am ersten Arbeitstag zugewiesen. Projektübergreifend fördert und fordert er Dich.
- Den verschiedenen Projektleitern bist Du fachlich unterstellt. Sie sind interessiert, dass Du sie in ihren Kundenvorhaben maximal unterstützt.

Beachte das potentielle Spannungsverhältnis zwischen direktem Vorgesetzten und den Projektleiter bzw. den Projektleitern selbst. Teilweise haben diese verschiedene Ziele.

Wer leben will, muss dienen!
– Friedrich Halm, österreichischer Schriftsteller

Nur Du hast den gesamten Blick auf Dein Aufgabenpensum. Kommuniziere Deine zeitlichen Engpässe. So sollte Julio aus obigem

Beispiel mit seinem Chef sprechen, ihm seine aktuelle Arbeitslast inklusive der negativen Folgen für Firma und Kunde aufzeigen. Anschließend wirft er mehrere Lösungsvorschläge in den Raum. Sehr selten sind alle Aufgaben gleichwichtig und gleichdringend.

Die Leistung Deiner Vorgesetzten ist nur so gut wie die Ergebnisse ihrer Mitarbeiter. Daher:

- Ermittle die Anforderungen, Präferenzen und Restriktionen Deiner Vorgesetzten.
- Verhandle messbare und zeitlich definierte Ziele und erfülle diese mit Bravour.
- Versetze Dich in die Lage Deiner Vorgesetzten und handle in ihrem Sinne.

Lässt Du Deinen Chef bzw. Projektleiter vor Kunden und Kollegen glänzen, wird dieser sich bei Dir revanchieren. Kurz-, mittel-, spätestens aber langfristig.

#18: Digitalisieren

„Es reicht. Dieser verfluchte SharePoint. Was macht denn die IT den ganzen Tag?". Mein Kollege Günter ist in Rage. Auch nach langem Suchen kann er unsere Firmenpräsentation nicht finden. „Wieviel geben wir pro Monat für die Technik-Chaoten aus? Und dann so etwas. Mit so etwas blamieren wir uns vor dem Kunden." grummelt Günter aufgebracht vor sich hin.

„Hast Du schon einmal in den Team-Ordnern nachgesehen?" versuche ich zu helfen und präzisiere: „Unter ‚/Unternehmen' sollte eigentlich die aktuelle Präsentation zu finden sein. Günter klickt und schweigt. Ich gehe davon aus, dass er fündig geworden ist.

Für Beratungen ist IT eine Schlüsselressource

Im 21. Jahrhundert ist IT das Rückgrat Deiner Beratung. Wie in allen Branchen, wird auch die Wertschöpfung im Consulting immer umfassender und tiefer von Technologie unterstützt:

- Für Kernleistungen wie **Präsentation**, **Dokumentation** oder **Kalkulation** nutzen Du und Deine Kollegen seit vielen Jahren Microsoft Office Produkte.
- Auch in Sachen **Recherchen und Analysen** bedienen sich Beratungen seit Mitte der 1990er Jahren dem Internet.
- **Kommunikation** zwischen Dir, Kollegen und Kunden findet zu einem erheblichen Teil via Telefon- und Videoconferencing sowie E-Mailing und Messaging statt.
- Die **Reiseplanung, -durchführung und -abrechnung** bewerkstelligst Du ebenfalls mit Hilfe von Online Tools und Software as a Service Lösungen.
- Zwecks **Marketing & Vertrieb** kommen bei Euch sicherlich Customer Relationship Management Systeme, Blogs, Webinar-Software und Newsletter zum Einsatz.

Abgesehen von persönlichen Meetings vor Ort, laufen fast alle Deiner Beratungsprozesse inzwischen auf Basis von IT. Die Folge: Laptop,

Smartphone und ihre Software spielen für Dein Unternehmen eine immer kritischere Rolle.

> **Digitale Technologien verändern unsere Welt und unser Leben – und zwar komplett.**
> – Günther Hermann Oettinger, deutscher Politiker

Dabei gilt: je mehr Technik zum Einsatz kommt, desto komplexer gestaltet sich natürlich die Infrastruktur und Systemlandschaft. Technologie-gestützte Beratungsprozesse erfordern eine ausgefeilte IT-Architektur. Diese Architektur muss betrieben, gewartet und weiterentwickelt werden. Das es da zu Reibungsverlusten kommen kann, bleibt da nicht aus. Insbesondere, wenn in Zeiten von Hacker-Angriffen und Softwareviren, zusätzliche Kapazitäten in IT-Sicherheitsmaßnahmen investiert werden müssen.

Schätze Deine Technik-Truppe Wert, statt über „die von der IT" zu meckern. Formuliere Anforderungen aus Nutzersicht und helfe die auf Hard- & Software-basierenden Services kontinuierlich und konstruktiv zu verbessern.

#19: Distanzieren

Ich sitze am Schreibtisch und arbeite mit Hochdruck an der Fertigstellung des Projektantrages. Mein Kunde – ein Maschinenbauer aus Mittelfranken – möchte sein Geschäftsmodell weiterentwickeln. Bis heute Abend 18:00 Uhr, so unsere Absprache, benötigt er einen Vorschlag für ein Umsetzungsprojekt. Bereits am Wochenende habe ich etliche Stunden in den Antrag investiert. Viel Gehirnschmalz, Ideen und Leidenschaft sind in das Papier geflossen.

Pünktlich vor Abgabefrist klicke ich auf den Sendeknopf meines E-Mailprogramms. Innerhalb von Sekunden erhalte ich eine Antwort vom Kunden. Offenbar hat er diese auf seinem Smartphone während der Heimfahrt getippt. „Danke. Projekt hat sich verschoben. Besprechen alles weitere morgen Mittag.“. Seufzend klappe ich meinen Laptop zu.

Eine gesunde Distanz zwischen Berater und Aufgabe

Als Unternehmensberater brauchst Du ein dickes Fell. Regelmäßig entwickeln sich die Dinge anders als ursprünglich geplant. Einige Beispiele:

- Bis spät in die Nacht sitzt Du an einer Projektpräsentation um diese am nächsten Tag dem Kundenteam vorzustellen. Dieses reagiert jedoch nur gelangweilt auf Deine Impulse, spricht lieber über das Kantinenessen.
- Seit drei Wochen strampelst Du Dich ab, um den Go-Live Termin für das IT-System am Monatsende halten zu können. Nach dem Lenkungskreis wird das Projekt auf Eis gelegt und alle externen Kräfte inklusive Dir abgezogen.
- Auf Bitten Deines Chefs erstellst Du in zwei Tagen ein Top-Angebot, legst dazu mehrere Überstunden ein. Der Kunde lehnt die Offerte ab. Zufällig erfährst Du später, dass Dein Chef Euer Angebot nur zur Beziehungspflege schreiben ließ.

Souveränität ist durchlittener Abstand.
– Hans Arndt, deutscher Schriftsteller

Wahre eine professionelle Distanz zu Deiner Arbeit. Das ist oft leichter gesagt, als in der Praxis getan. Insbesondere wenn Du mit viel Elan, Kampfgeist und Ergebnisorientierung vorangehst. Stelle Dir vor jeder Aufgabe die folgenden beiden Fragen:

1. Wie groß ist mein **Einfluss** auf Vorgehen und Ergebnisse?
2. Wie hoch ist die **Wahrscheinlichkeit**, dass sich die Aufgabe in eine andere Richtung entwickelt?

Je geringer Dein Einfluss und sprunghafter die Aufgabenstellung, desto eher solltest Du auf Änderungen gefasst sein. Gehe in kleinen Schritten mit mehreren Zwischenergebnissen vor und nehme Anpassungen im Kurs nicht persönlich. Liegt das Vorhaben hingegen vollständig in Deiner Hand und sind Änderungen äußerst unwahrscheinlich, gehst Du mit Volldampf an die Arbeit.

#20: Diversifizieren

Mark ist ein guter Freund von mir. Wir kennen uns seit der Schulzeit und halten seitdem Kontakt. Mark arbeitet bei einem großen technischen Prüfunternehmen. Bis 2011 ging es mit seiner Karriere steil bergauf. Die Aufträge sprudelten und bereits im Juli war der Jahresbonus sicher.

Dann ereignete sich im Frühjahr 2011 die Nuklearkatastrophe von Fukushima. Infolgedessen entschied Deutschland bis 2022 seine Kernkraftwerke nacheinander abzuschalten. Für Mark ist diese Entscheidung ein Problem. In seinem Job prüft er diese Anlagen.

Beratung lebt von Vielseitigkeit

Beratungsinhalte kommen und gehen. Trieben Beratungen bis in die 1990er Jahre hinein die Themen Strategie- und Effizienz voran, propagieren heute die gleichen Häuser technische Inhalte, wie Künstliche Intelligenz, Digitalisierung oder Industrie 4.0. Wie alle Unternehmen gehen auch Consulting Firmen mit der Zeit, diversifizieren ihr Portfolio durch neue Angebote.

Auch für Dich gilt: Vielseitigkeit gewinnt. Kunst, Kultur, Menschen und ihre Motive, Politik, Gesellschaft – all das beeinflusst die Art, wie Deine Kunden, Partner und Kollegen denken. Die Welt dreht sich. Kontinuierlich. Anstatt ewig ein und demselben Fachgebiet anzuhängen, solltest Du ebenfalls in Bewegung bleiben.

- Wechsle regelmäßig Deine **thematische Ausrichtung**. Wage Dich im Rhythmus von 2 bis 3 Jahren in ein neues Fachgebiet vor und vergrabe Dich in diesem.
- Bleibe **neugierig** und offen für Gelegenheiten. Lese fachfremde Bücher, höre Info-Radiosender und umgib Dich mit Personen anderer Branchen.
- Hole Dir aus anderen Feldern **Anregungen**. Stelle anschließend Querverbindungen zu Deinen bisherigen Spezialgebieten her.

Wir brauchen nicht noch mehr fokussierte Superexperten – sondern echte Trusted Advisor mit beiden Beinen im Leben!
– Giso Weyand, deutscher Berater-Berater

Wichtig ist, der Gefahr eines ‚One-Trick-Pony' zu entgehen. Statt nur eine Sache richtig gut zu können, bist Du als Generalist unterwegs, als Multitalent mit mehreren Stärken.

Baue dazu systematisch Dein Beratungsportfolio auf und aus. Die erste Achse sind die Industriebranchen, in denen Du fachliches Knowhow besitzt. Beispielsweise Banking und Einzelhandel. Die zweite Achse sind die methodischen Fähigkeiten und Erfahrungen die Du gelernt und in der Praxis angewendet hast. Typische Beispiele sind Cyber Security oder Anforderungsmanagement.

Sei ein Allrounder, nicht ein Fachidiot. In Fußball-Sprache formuliert: statt nur für den Sturm, schaffst Du auch als Verteidiger, im Mittelfeld oder Notfalls als Torwart einen Mehrwert für Deinen Kunden.

#21: Einarbeiten

„IDW PS 330? Was ist das denn?". Mit einem großen Fragezeichen auf der Stirn blicke ich Hendrik an. Er ist bei uns Senior Manager und weist mich gerade in das neue Projekt bei einer Frankfurter Genossenschaftsbank ein.

Hendrik klärt auf: „Das ist ein Prüfungsstandard für den Einsatz von Informationstechnologie. Seit der Finanzkrise 2008 haben Banken immer mehr Auflagen zu erfüllen. Abschlussprüfungen wie der IDW PS 330 gehören da dazu.".

Ich nicke und gebe zu bedenken: „Ich bin weder Wirtschaftsprüfer, noch Investmentbanker. Ich hoffe Du hast unserem Kunden nicht zu viel Expertise versprochen.".

Projekt Kick-Start durch gezieltes Einarbeiten

Für Unternehmensberater gilt das Prinzip: Ahnung ist gut, Wissen ist besser. Als Consultant gibst Du Deinem Kunden Orientierung, führst ihn entlang vieler Stolpersteinen zur vereinbarten Ziellösung. Und das auf einem Terrain, welches auch für Dich oft noch viel Unbekanntes bereithält. Um da gut gerüstet zu sein, musst Du Dich in neue Projektthemen einarbeiten.

- Bei der fachlichen Einarbeitung machst Du Dich mit der Disziplin vertraut, verschaffst Dir Wissen über Märkte, Prozesse bzw. Technologien.
- Für die methodische Einarbeitung erkundest Du den Ablauf und die Vorgehensweise im Projekt und ergründest die Arbeitsweise.
- Schließlich beschäftigst Du Dich bei der sozialen Einarbeitung mit den Projektakteuren. A-priori analysierst Du die Teilnehmer, ihre Ziele und Motivation.

Einarbeitung umfasst alle drei Ebenen: die fachliche, methodische und soziale. Je nach Kunde, Projekt sowie Deinem Wissensstand ist Mal die eine, Mal die andere Ebene wichtiger.

> **Sag mir, wie ein Projekt beginnt und ich sage Dir, wie es endet.**
> – unbekannt

Doch wieviel Einarbeitung ist eigentlich sinnvoll? Und wo verpufft diese nur, da sie weder vom Kunde noch von den Kollegen je wahrgenommen wird? Heißester Tipp: einarbeiten, aber nicht überarbeiten. Folgende Punkte stehen im Fokus:

- Identifiziere die Projektakteure und ihre Bedarfe.
- Verschaffe Dir Zugriff auf relevante Systeme und Dokumente.
- Lerne den Ablauf im Projekt kennen.
- Baue gezielt Wissen für Deine Aufgaben und geforderten Ergebnisse auf.
- Präzisiere Deine Rolle im Projekt.

Arbeite Dich mit Augenmaß ein. Kunden und Kollegen sollen spüren, dass Dir das Projekt am Herzen liegt und Du Dich reibungsfrei integrieren möchtest. Keiner wird Dir dann verübeln, wenn Du durch Fragen den Themen weiter auf den Grund gehst.

#22: Einladen

Donnerstagmorgen im Office des Kunden. Noch zwei intensive Tage und die Arbeitswoche ist durch. Ich blicke in meinen Outlook Kalender. Für 09:00 Uhr steht dort ein Eintrag mit dem Titel „Synchro mit Frau Winter".

Da ich mir keinen Reim auf den Termin machen kann, rufe ich bei meiner Kollegin an, welche den Projektleiter administrativ unterstützt. „Claudia, kannst Du mir für das Meeting heute um 09:00 Uhr Details geben?" frage ich sie etwas hilflos „Was ist das Ziel der Synchro? Welche Fragen sollen geklärt werden?".

„Tut mir leid." antwortet Claudia knapp zurück „Aber ich habe keine Ahnung, was in dem Termin inhaltlich besprochen werden soll."

Keine Meeting-Einladung, ohne Agenda

Kennst Du in Deiner Berufswelt jemanden, der sich über zu wenige Meetings beschwert? Ich auch nicht. Im Gegenteil. Beraterkollegen, Kunden und Vorgesetzte klagen regelmäßig über den bevorstehenden Meeting-Marathon. Häufig korreliert Position mit Meeting-Dichte. Das heißt, je höher eine Person in der Hierarchie, desto mehr Geschäftstreffen hat diese zu absolvieren.

Zudem sind Meetings sehr teuer. Alle Teilnehmer finden sich zur vereinbarten Zeit womöglich noch am identischen Ort zusammen, um verschiedene Punkte zu besprechen, zu entscheiden und Folgeaufgaben zu verteilen. Ein einstündiges Treffen mit vier Teilnehmern kostet – ohne Vor- und Nachbereitung, Logistik, Raummiete, Technik, etc. – einen halben Arbeitstag. Während der Zeit im Meeting, bleiben andere Aufgaben liegen.

Während Sie im Meeting sitzen, erledigt Ihr Wettbewerber seine Aufgaben.
– Martin Geiger, deutscher Autor, Redner und Coach

Trotz ihrer hohen Verbreitung und signifikanten Kosten senden Personen immer wieder Meeting-Einladungen ohne Agenda heraus. Warum? Weil die Festsetzung von Zielen und Diskussionspunkten Zeit und Aufwand bedeutet. Kurzfristig spart der Einzelne damit Arbeit ein, mittelfristig bezahlen die Teilnehmer mit unterdurchschnittlichen Meeting-Ergebnissen.

Versehe jede Einladung mit einer Agenda. Und fordere diese bei Meeting-Organisatoren ein.

- Weshalb findet das Treffen statt? Welche Ziele sollen erreicht werden?
- Welche Punkte sollen geklärt, welche Entscheidungen gefällt werden?
- Wer ist der Themenführer für einen bestimmten Diskussionspunkt?
- Inwieweit kann das Meeting vorbereitet, der Ablauf beschleunigt werden?
- Müssen zu jedem Zeitpunkt alle Teilnehmer anwesend sein?

Plant Dein Kunde ein Treffen ohne Agenda, dann sendest Du ihm Deinen Agendavorschlag. Signalisiere ihm, dass Du Eure Zeit wertschätzt und Deine Arbeit an Ergebnissen orientierst.

#23: Einordnen

Leading Consultant. Engagement Manager. Case Team Leader. Ich klappe meinen Laptop zu und bin verwirrt. So kompliziert habe ich mir die Organisationsstrukturen in Beratungen nicht vorgestellt. Dabei wollte ich eigentlich nur wissen, welche Karrierestufe nach einem Senior Consultant kommt. Auf diesem Level befinde ich mich nämlich seit genau drei Jahren.

Offenbar sind die Hierarchien von Beratungen sehr unübersichtlich. Viele Firmen verwenden englischsprachige Begriffe für ihre Stellen. Die Anzahl der Karrierestufen und genaue Anforderungen für eine Beförderung unterscheiden sich. Es ist Zeit, für Klarheit zu sorgen.

In ihrer Struktur gleichen Beratungen einer Pyramide

Obwohl von einigen Beratungen offiziell abgestritten: die Mehrheit der Consulting Firmen ist pyramidenförmig aufgebaut. Es gilt: je höher Deine Position in der Unternehmenspyramide, desto größer Dein Verantwortungsspektrum und Dein Gestaltungsspielraum. Zudem nehmen Dein Gehalt sowie der Deinem Kunden in Rechnung gestellte Tagessatz zu.

Neben einer offiziellen Struktur spielt die Firmenkultur eine wichtige Rolle. So gibt es Beratungen mit fast basisdemokratischen Ansätzen, in denen Partner und Juniors auf Augenhöhe diskutieren. Andere agieren streng hierarchisch – hier gibt der Senior den Ton an.

Karriere bedeutet, wenn Du gefragt bist.
– unbekannt

Als Berufseinsteiger startest Du meist auf der untersten Ebene einer Beratung. Mit Deiner über die Jahre anwachsenden Berufserfahrung und der Erfüllung messbarer und qualitativer Anforderungen steigst Du auf. Aber Achtung! Die Karriereleiter unterscheidet sich von

Beratung zu Beratung. Typisch ist die nachfolgende aufsteigende Struktur.

1. Werkstudent/Praktikant (Summer Associate, Career Starter)
2. Junior Consultant (Junior Analyst, Junior Fellow, Junior Associate)
3. Consultant (Associate Consultant, Analyst, Business Analyst, Fellow, Specialist)
4. Senior Consultant (Senior Associate)
5. Manager (Case Team Leader, Engagement/Project Manager, Leading Consultant)
6. Senior Manager (Principal, Junior/Associate Partner, Vice President)
7. Partner (Managing Partner, Director)

In der Regel übertragen Beratungen ihre interne Struktur auf die Zusammenarbeit mit den Kunden. So interagierst ein Partner mit der (für die Beratung) höchsten Kundenhierarchiestufe, ein Junior Consultant hingegen mit der am tiefsten angesiedelten Klientenebene.

Sprich im Bewerbungsgespräch die möglichen Karrierewege an und entscheide, ob Du eher in einer Beratung mit ausgeprägter oder flacher Hierarchie arbeiten möchtest.

#24: Einsteigen

Zeitsprung zurück ins Jahr 2007. Ich schreibe gerade an meiner Masterarbeit, bewerbe mich parallel bei unterschiedlichen Consulting Firmen. Von einem mittelständischen Beratungshaus habe ich bereits eine Zusage. Das Team ist freundlich, die Projekte in Deutschland, das Gehalt in Ordnung. Soll ich zusagen?

Als zukünftiger Berater hole ich mir zunächst Rat ein. Ich sende eine E-Mail an Carsten, einen ehemaligen Studienkollegen. Carsten ist bereits seit 2 Jahre Consultant bei einer großen Strategieberatung.

„Was soll ich tun: zusagen oder mich weiter für eine renommierte Beratung bewerben?" frage ich in meiner Nachricht. Die Antwort kommt prompt, sie enthält nur einen einzigen Satz: „Dein erster Arbeitgeber ist die ‚Fahrkarte' für alle Folgearbeitgeber.".

Im ersten Job bei den Besten einsteigen

Fakt ist: Je renommierte Deine erste Unternehmensberatung, desto besser Deine Ausgangslage für den späteren Jobwechsel.

Ein großer Beratungsname in Deinem Lebenslauf wirkt als stabile und funkelnde Stufe auf Deiner Karriereleiter. Ein Gütesiegel, der Dein Curriculum Vitae veredelt. Ein Magnet, der Personalabteilungen und Vorgesetzte anzieht. Löse die bestmögliche ‚Jobfahrkarte', indem Du nach folgenden Prinzipien vorgehst:

- Beginne früh Deine Fühler in Richtung Consulting auszustrecken. Besuche Karrieremessen, absolviere Praktikas und engagiere Dich bei studentischen Beratungen.
- Bewirb Dich bei den Top-10 Unternehmensberatungen, für die Dein Lebenslauf gerade noch ‚gut genug' bist.
- Trainiere Deine Bewerbungsgespräche, beginnend mit den weniger attraktiven bis hin zu den renommiertesten Consulting Firmen.

- Nutze Dein Kontaktnetzwerk in die Wirtschaft, zu Studienkollegen und Professoren, um Hinweise, Stellenangebote und Unterstützung zu erhalten.

Man soll die Dinge nehmen, wie sie kommen.
Aber man sollte dafür sorgen, dass die Dinge so kommen, wie man sie nehmen möchte.
– Curt Goetz, deutsch-schweizerischer Schriftsteller und Schauspieler

Auf alle zukünftigen Arbeitgeber hat Dein erster Job eine wichtige Signalwirkung. Hingegen interessiert es Personalverantwortliche, Vorgesetzte und Entscheider wenig, was Du genau während Deiner ersten Einstellung gemacht hast oder wie lange diese andauerte.

Übrigens entschied ich mich 2007 für eine Einstellung bei einer internationalen Privatbank. Nach einem Jahr hatte ich eine große Portion Erfahrung und einen bekannten Namen für den Lebenslauf eingesammelt.

#25: Empfehlen

Das Engagement ist klar und eindeutig. Als externes Beraterteam sollen wir für den Kunden die aktuell am Markt verfügbaren Service Management Softwarelösungen untersuchen. Für den Auftrag gibt uns der Klient ganze vier Wochen Zeit. Unverzüglich beginnen wir unsere Analyse, studieren Material, sprechen mit Referenzkunden, besorgen uns – wo möglich – Testzugänge zur Software.

Schnell haben wir die anfängliche Longlist von 10 Anbietern auf drei Hersteller reduziert. Die drei verbliebenen Kandidaten schleusen wir durch separate Praxis-Workshops. Einen halben Tag haben die Anbieter Zeit ihre Tools zu präsentieren und Frage zu beantworten. Am Ende der intensiven Arbeitsphase steht eine Präsentation. Alle Ergebnisse sind in dieser zusammengedampft.

Fristgerecht liefern wir beim Kunden. Und stoßen auf Unverständnis.

Eine Entscheidungsgrundlage nie ohne Empfehlung

Eigentlich ist es ganz einfach: Kunden engagieren Unternehmensberater, um beraten zu werden. Sie suchen unabhängigen Rat. Eine neutrale Sicht. Eine dritte Meinung von außen. Komme diesen Wunsch mit einer Analyse nach. Und zwar inklusive einer Handlungsempfehlung. Einige typische Aufträge:

- Der fundierten Untersuchung mehrere möglicher IT-Systeme für die Fachabteilung Deines Kunden schließt Du mit einer Auswahlempfehlung ab.
- Die drei erarbeiteten Produkteintrittsstrategien im asiatischen Markt finalisierst Du mit der begründeten Auswahl einer spezifischen Strategie.
- Das strukturierte Assessment von fünf Komponentenlieferanten beendest Du mit einem klaren Votum für einen der Zulieferer.

> **Ich würde eher eine falsche Entscheidung treffen als gar keine.**
> – Robert McNamara, US-amerikanischer Geschäftsmann und Politiker

Eine Analyse macht Dich zum Fachexperten und legitimiert Dich, eine Empfehlung auszusprechen. Beachte dabei:

- Notiere die Annahmen, die den Alternativen und Deiner Empfehlung zu Grunde liegen.
- Auch keine Entscheidung – also das Festhalten am Ist – kann eine Empfehlung sein.
- Kunden wollen entscheiden. Liefere nicht nur eine Empfehlung, sondern auch Alternativen.

Kunden sind Dir für diese Orientierung dankbar. Du ersparst ihnen damit Zeit und Aufwand, sich selbst mit der Sache im Detail auseinanderzusetzen. Im Beispiel oben hatten wir einfach keine Empfehlung geliefert. Schnell bügelten wir diesen Fauxpas nach einem halben Arbeitstag wieder aus.

#26: Entlohnen

Sommer 2007. Vor mir liegt mein erster Arbeitsvertrag für eine Vollzeiteinstellung. Eine amerikanische Großbank, ebenfalls vertreten am Genfer See, wirbt um mein Engagement als Business Analyst. Schnell springe ich auf die letzte Seite. Dort müssen sich die Angaben zum Gehalt befinden. Ich staune: 80.000 CHF. Das sind über 53.000 Euro. Als Einsteiger!

„Ist doch eigentlich ein No-Brainer." denke ich. „Unterschreiben und ab geht's in die Schweiz zum Geld verdienen.". Ein Jahr später unterschreibe ich einen Arbeitsvertrag an der Uni. Zur Hälfte des Schweizer Gehalts.

Nicht das Gehalt, sondern das Vergütungspaket zählt

Was ist Dein Stundenlohn? Viele Jobbewerber und frischgebackene Junior Consultants denken bei der Frage nach Gehalt nur an ihr Monats- oder Jahreseinkommen. Nimm Dir bitte 5 Minuten und rechne dieses auf Dein Lohn pro Arbeitsstunde runter. Fertig. Los!

Und nun multiplizierst Du diesen Stundenlohn mit der Anzahl der normalen Arbeitsstunden. Bei 220 Arbeitstage von 8 Stunden sind das 1.760 Stunden pro Jahr. Und auf was kommst Du?

Häufig verdienst Du als Consultant überdurchschnittlich, arbeitest jedoch auch mehr als die gängigen 40 Stunden pro Woche. Gemessen an Deinen Einsatz ist das gegenüber einer Festanstellung in der Industrie nicht unbedingt immer mehr. Betrachte bei einem Arbeitsvertrag daher nicht nur die Kennziffer Gehalt, sondern auch Deinen zeitlichen und persönlichen Einsatz.

> **Stellen Sie keinen Mitarbeiter ein, der nur für Geld arbeitet. Sondern jemand, der seine Arbeit liebt.**
> – Henry David Thoreau, US-amerikanischer Schriftsteller und Philosoph

Auch solltest Du ein Blick auf das gesamte Kompensationspaket werfen. Einige Beratungen spendieren ihren Mitarbeitern nämlich mehr als nur eine monatliche Vergütung. Einige Beispiele:

- Hohe Lernkurve durch wechselnde Kunden und spannende Projekte
- Nebenleistungen wie Fitnessstudio, Altersvorsorge oder Wäscheservice
- Arbeitszeit pro Woche, Urlaubstage und Anrechte auf Auszeiten
- Sonderkonditionen bei Hotels, Autovermietungen, Fluggesellschaften,...
- Weiche Faktoren wie Abwechslung, Unternehmenskultur und Teamkollegen
- Berufliche Perspektive wie Reputation des Arbeitgebers und der Klienten

Beziehe alle harten und weichen Faktoren bei der Betrachtung der Vergütung ein. Und entscheide dann für oder gegen einen Arbeitsvertrag.

In meinem Falle war die Arbeit in Genf zwar exzellent bezahlt, aber zu wenig inspirierend. Geld ist nicht alles. Speziell vor dem Hintergrund der Endlichkeit des (Berufs-)Lebens.

#27: Entscheiden

„Was ist Deiner Ansicht nach das Problem beim Kunden?". Ich schaue Maik fest in die Augen. Als ein mir zugeordneter Consultant leitet er sein erstes kleines Kundenprojekt.

„Das kann ich Dir sagen." entgegnet Maik mit verbindlicher Stimme „Die Herren und Damen können sich einfach nicht entscheiden. Ständig führen wir Grundsatzdiskussionen und kommen einfach nicht zu Potte. Die Angst geht um, falsch zu liegen.".

Besser entscheiden und tun, als ewig verharren

Wir alle treffen sie hundertfach am Tag, meist unbewusst auf Basis unserer Erfahrung: Entscheidungen. In Beratungsprojekten werden die Entscheidungsprozesse komplizierter. Die Sachlage ist vielschichtig, die Folgen wirtschaftlich bedeutend.

- Geben wir der modernen aber teuren Kaufsoftware den Zuschlag oder entwickeln wir eine eigene individuelle Behelfslösung?
- Sollen wir uns für die Produkt-Rollout-Strategie I oder II entscheiden? Oder gleich das Ganze auf das kommende Jahr verschieben?
- Sind die ausländischen Werke und deren Abteilungen und Prozesse mit im Scope oder fokussieren wir uns zunächst nur auf Deutschland?

Keine Frage: gute Entscheidungen zu fällen, gestaltet sich häufig als herausfordernd. Das Problem: Im Status Quo zu verharren indem nichts entschieden wird, ist ebenfalls eine Entscheidung. Meistens jedoch nicht die Beste. Wie Du es drehst und wendest: Du kommst ums Entscheiden bzw. dem Vorbereiten einer Entscheidung für Deinen Kunden nicht herum.

Der echte Charakter liebt die Entscheidung;
er legt sich fest, und zwar durch die Tat.
– Martin Kessel, deutscher Schriftsteller

Bevor Du jedoch rein aus dem Bauch heraus entscheidest, solltest Du folgendes tun:

1. Falls möglich, zerlege die Entscheidung in kleinere Teilentscheidungen.
2. Fixiere das Ziel, welches Deine (Teil-)Entscheidung bewirken soll.
3. Analysiere die Optionen und bewerte sie bzgl. ihres Realisierungsaufwandes, der zu Grunde liegenden Annahmen sowie den Konsequenzen.
4. Entscheide und setze um.
5. Miss die Zielerreichung nach, überprüfe die Gültigkeit der Annahmen und lerne.

Oft ist es weniger wichtig was Du entscheidest, sondern vielmehr das Du entscheidest. Und anschließend rasch in die Umsetzung kommst. Ob FOR-DEC, Evaluierungsmatrix, oder Logikbaum – die Tools wie Du zu einer Entscheidung gelangst und diese absicherst sind wichtig, ohne Folgen jedoch von einem geringen Wert. Viel bedeutsamer an der Entscheidung ist ihre Durchführung und dem damit verbundenen Lernprozess.

#28: Erfüllen

Sie wollen etwas bewegen und sind bereit, dabei Grenzen zu überwinden? Ihre Neugier treibt Sie genauso an wie der Wunsch, sich ständig weiterzuentwickeln? Dann sind Sie in der weltweit führenden Strategieberatung genau richtig.

Ich reibe mir die Augen und blicke erneut auf die durchgestylte Karriere-Webseite einer großen amerikanischen Strategieberatung. Bewegen, Grenzen überwinden, Neugier und Weiterentwicklung – das sind vier zentrale Anforderungen dieser Beratung. Doch was heißt das im Projektalltag des Beraters nun genau?

Die Anforderungen an einen Unternehmensberater

Gibt es Basisanforderungen an einen Unternehmensberater? Must-Have-Kriterien? Rolleneigenschaften, denen sowohl die Kunden, Vorgesetzten und Kollegen zustimmen? Ich behaupte ja. Und liefere nachfolgend zwar nicht den Beweis, jedoch Hinweise auf das Set wiederkehrender Anforderungen.

Der ‚Top-Berater' aus Sicht des Kunden...

- besitzt die notwendigen fachlichen, methodischen und sozialen Kompetenzen,
- integriert sich in das Unternehmen,
- ist motiviert, ergebnisorientiert und gewillt zu entlasten und
- agiert offen und kreativ bei der Weitergabe von Wissen und Know-How.

Ein ‚Traumberater' aus Sicht des Arbeitgebers...

- verfügt über einen guten bis sehr guten Hochschulabschluss,
- hat sowohl fachliches, methodisches und soziales Know-How,
- ist geistig flexibel und rasch in der Auffassung,
- zeichnet sich durch Teamfähigkeit und Kundenorientierung aus,

- setzt auf Leistung und Fokus und tritt professionell und selbstsicher auf,
- ist reisebereit und belastbar und kann mit Microsoft Office arbeiten.

Unmöglich können wir das Betragen anderer mit Strenge prüfen, wenn wir nicht selbst zuerst unsere Pflicht erfüllen.
– Demosthenes, griechischer Politiker, Staatsmann und Redner

Der ‚Wunschberater' aus Sicht des Kollegen...

- (inter-)agiert kreativ und motiviert im Projekt,
- besitzt sowohl Team- als Führungsfähigkeiten,
- strukturiert seine Arbeit und Ergebnisse und ist motiviert und mit Spaß bei der Sache.

Je nach Unternehmensberatung, Projekt und Klienten liegen die Schwerpunkte verschieden bzw. entfallen einzelne Anforderungen ganz.

#29: Erreichen

Ich bin im ICE auf der Fahrt nach Ingolstadt. Gegenüber mir sitzt Alex, ein Junior Consultant der seit einer 1 Woche bei uns in der Firma arbeitet. Gemeinsam leiten wir heute einen Workshop bei einem Hersteller für Premiumfahrzeuge. Die Fahrzeit wollen wir nutzen und unseren Folien den letzten Schliff geben.

Plötzlich vibriert Alex Smartphone. Es ist der IT Administrator, es geht um die Installation einer Verschlüsselungssoftware. Die beiden steigen in die Details ab. Nach 15 Minuten sind alle Fragen beantwortet und wir können endlich mit unseren Folien starten.

Als wir bei Folie 3 sind, bittet Alex um eine kurze Auszeit. Grund ist die E-Mail eines Kunden, die er beantworten will. Ich merke, wie sich meine Stimmung verschlechtert.

Ein Berater ist kein 24/7 Call-Center

Ein Laptop, ein Smartphone und eine stabile Internetverbindung – und Du bist als Consultant arbeitsfähig.

Moderne Kommunikationsmittel wie E-Mail, Videokonferenz und Instant Messaging erweitern die physischen und zeitlichen Grenzen Deiner Beratungsarbeit:

- Telefonkonferenz mit den Kollegen von der Flughafen Lounge aus? Kein Problem.
- Texten von E-Mails während der Taxifahrt? Warum nicht?
- Telefonat mit dem Office bzgl. dem Kaminabend? Gerne im Coffee-Shop.

Doch mit den Möglichkeiten, kommen auch die Probleme. Durch die digitalen Helfer bist Du immer und überall für jedermann erreichbar. Statt Meister der Kommunikation, Sklave der eigenen Technik?

Das Paradoxon der modernen Zeit:
Die Kommunikationsmittel werden immer besser,
doch die Kommunikation wird immer schlechter.
– Bertram Jacobi, deutscher Ingenieur und Dichter

Erreichbar sein, heißt nicht verfügbar sein. Wenn es nicht explizit in Deinem Vertrag steht bzw. es Deine Vorgesetzten oder Kunden fordern, musst Du auch nicht sofort auf Anfragen reagieren. In der Praxis haben sich die folgenden Service Levels bewährt:

- Beantworte **eingehende Telefonate nach spätestens 90 Minuten**. Das kann auch eine kurze SMS mit „Ich melde mich später“ sein.
- **Beantworte E-Mails innerhalb 24 Stunden**. Auch hier sind Nachrichten wie „Vielen Dank. Ich gehe Ihre Anfrage durch und melde mich.“ erlaubt.

Du bist immer noch für alle auf elektronischem Wege erreichbar. Jedoch widmest Du Dich den Anfragen, wenn es Dir in den Tagesablauf passt. Arbeite selbstbestimmt und nicht im Takt eines Telefons oder einer E-Mail Inbox. Agiere, statt zu reagieren.

#30: Erzielen

Jahresgespräch mit meinem Mitarbeiter Georg. Es geht um die Ziele, die sich der frisch beförderte Consultant für das Folgejahr setzt.

„Mein erstes Ziel sind zufriedene Kunden." wirft Georg selbstbewusst in die Runde. „Zudem will ich mein Business Englisch verbessern." ergänzt er direkt darauf und fährt fort: „Schließlich möchte ich in allen Projekten erfolgreich sein.".

Die gute Nachricht ist, dass Georg Ziele definiert hat, die er verfolgen möchte. Die schlechte, dass diese Absichten nur sehr unspezifisch sind. Zeit, konkreter zu werden.

Ohne Ziel ist jeder Weg der Richtige

Wofür bist Du heute Morgen aufgestanden?

Der französische Philosoph, Jurist und Lyriker Michel de Montaigne sagte einmal: „Kein Wind ist demjenigen günstig, der nicht weiß, wohin er segeln will.". Ziele geben Dir in Deinem beruflichen Leben Orientierung. Sie sind die Meilensteine in Deiner Consulting Karriere. Der Grund, sich früh am Morgen aus dem Bett zu quälen.

Ein gutes Ziel ist SMART, das heißt:

- **Spezifisch**: Was soll genau erreicht werden? Wer oder was ist im Scope?
- **Messbar**: Woran kann die Erfüllung gemessen werden? Welcher Wert gilt?
- **Attraktiv**: Inwieweit motiviert das Ziel? Welchen Mehrwert besitzt es?
- **Realistisch**: Ist das Ziel machbar? Wie gut lässt es sich erreichen?
- **Terminiert**: Bis wann soll das Ziel erreicht werden? In welchem Zeitrahmen?

Definiere und visualisiere Deine privaten und beruflichen Jahresziele. Stimme diese dann mit Deinem Vorgesetzten ab und verfeinere auf Basis der Unternehmens- und Abteilungsziele. Breche anschließend die Jahresziele in SMARTe Quartals- und Monatsziele herunter. Daher: welches Teilergebnis möchtest Du bis Monatsende erreicht haben? Last but not least: beginne mit der Umsetzung. Ein Ziel ohne Realisierung ist nichts wert.

Hindernisse sind jene furchtbaren Dinge, die Du siehst, sobald Du den Blick von Deinen Zielen abwendest!
– Henry Ford, US-amerikanischer Industrieller

Sei Dir bewusst, was Du in Deiner beruflichen Laufbahn erreichen willst und was nicht.

Schaffe Dir ebenfalls Klarheit darüber, welchen Preis Du dafür zu zahlen bereit bist. Und wer Dich bei der Erreichung unterstützen kann. Deine Situation, Dein Umfeld und Randbedingungen können sich ändern und vormals sinnvolle Ziele irrelevant werden lassen. Das Festlegen und Nachverfolgen von Zielen ist ein kontinuierlicher Prozess. Vergiss nicht die Erfüllung eines Zieles zu feiern. Schließlich hat der Weg viel Energie gekostet.

#31: Fixieren

Donnerstagmorgen. Wir sitzen im Akquisetermin bei einem süddeutschen Nutzfahrzeughersteller. Wir, das sind meine Beraterkollegin Anika und ich sowie der potentielle Neukunde Peter Martens. Der Termin verläuft gut, fast schon perfekt. Anika und ich stellen Herrn Martens viele Fragen die er dankend aufgreift und uns tiefer in seine Problemdomäne einführt.

Schnell ist die vereinbarte Stunde rum. Uns ist klar, dass wir methodisch und fachlich helfen können. Auch sind Anika und ich sicher, dass Herr Martens einen guten Eindruck von unserer fachlichen und methodischen Kompetenz gewinnen konnte.

Wir erheben uns und wenden uns zum Gehen. An der Tür sagt Herr Martens einen letzten Satz: „Vielen Dank für das spannende Gespräch. Ich melde mich dann bei Ihnen.“.

Die nächsten Schritte eindeutig und klar fixieren

Wie verbindlich bist Du zu Kunden? Zu Deinen Kollegen? Zu Dir selbst?

Egal ob bei Interaktionen mit Interessenten, Kunden und Kollegen: vermeide in jedem Fall lose Enden. Sorge stattdessen für Verbindlichkeit, für Klarheit bezüglich der nächsten Schritte.

- Halte in Meetings verbindlich fest, wer welche Aufgabe bis wann erledigt.
- Vereinbare in Akquiseterminen konkrete Folgeschritte für Dich und den Kunden.
- Fixiere mit Deinen Mitarbeitern klare Fristen, bis wann sie Ergebnisse zu liefern haben.
- Lege mit Kooperationspartnern unmissverständlich fest, wer welche Rolle im gemeinsamen Projekt trägt und verantwortet.

Disziplin ist die Brücke zwischen Ziel und Ausführung.
– Jim Rohn, US-amerikanischer Unternehmer, Autor und Motivationstrainer

Halte unbedingt die Zügel in der Hand. Auf die Aussage „Vielen Dank. Ich melde mich dann bei Ihnen.“ antwortest Du mit „Wenn Sie einverstanden sind, sende ich Ihnen bis Dienstag 13:00 Uhr eine Skizze unseres Gespräches zu und melde mich dann 17:00 Uhr telefonisch zwecks nächste Schritte bei Ihnen.“.

Deine Gesprächspartner sollen spüren, dass Du hinter den Themen stehst und diese vorantreiben willst. Mache eine klare Ansage. In welchem Feld liegt der Ball? Was hat die Person im beiderseitigem Interesse zu tun? Nutze diplomatische Fragen um eine Verbindlichkeit herzustellen und die Dinge zu fixieren.

#32: Fokussieren

Ich bin im Stress. Bis 20:00 Uhr muss ich unsere Angebotspräsentation an die Partner versendet haben. Morgen Vormittag sind diese bei einem Neukunden zum Akquisegespräch. Thema: Die Fertigungsindustrie in Zeiten der Digitalisierung.

Ich blicke auf meine Uhr. Bereits 17:35 Uhr. Noch knapp 2.5 Stunden. Jetzt konzentrieren, dann schaffe ich es gut. Plötzlich klingelt mein Smartphone. Meine Kollegin Claudia möchte wissen, was Sie für unseren Workshop morgen noch vorbereiten kann. Kurz gehen wir gemeinsam durch die Agenda und beenden dann unser Telefonat.

Erneut blicke ich auf meine Uhr. 17:50 Uhr. Verdammt. Mir läuft die Zeit davon...

Auf genau eine Aufgabe gleichzeitig fokussieren

Über die genaue Zeitspanne debattieren Wissenschaftler noch, in einem sind sie sich aber alle einig: die Unterbrechung einer denkintensiven Aufgabe wie einer Angebotspräsentation verursacht Kosten. Aktuell gehen Studien von 5 bis 20 Minuten aus.

Im Klartext: jedes Mal, wenn Dich eine Störung aus einer kniffligen intellektuellen Arbeit herausreißt, benötigst Du anschließend mehrere Minuten um Dich erneut reinzufuchsen. Bei vier bis fünf Unterbrechungen pro Beratertag belaufen sich Deine ‚Rüstkosten' damit auf mindestens 30 Minuten. Fehlende Zeit, die Du häufig mit Überstunden ausgleichst.

Oft tragen Störungen ein Tarnkleid, sind für Dich selten auf den ersten Blick erkennbar.

- Ein netter Kollege tritt an Deinen Schreibtisch heran und stellt Dir – als den Fachexperten – eine wichtige Frage.
- Aus heiterem Himmel ruft Dich ein früherer Arbeitskollege an der „einfach einmal Hallo sagen" möchte.

- Immer wieder flackert ein Icon am rechten Bildschirmrand Deines Laptops auf und verrät Dir, dass eine neue E-Mail im Postfach eingetroffen ist.
- Regelmäßig zuckt Dein Smartphone unruhig hin und her und fordert Dich auf, die eingegangene Textnachricht zu lesen.

> **Baue deine Hütte am Straßenrand,**
> **und du wirst in drei Jahren noch nicht fertig sein.**
> – Chinesisches Sprichwort

Um aus dem Hamsterrad der fortlaufenden Störungen auszubrechen, musst Du aktiv werden.

Schalte sämtliche Benachrichtigungsfunktionen Deiner Geräte ab. Blocke im Kalender Zeitscheiben von 30 bis 90 Minuten in denen Du fokussiert an konkreten Ergebnissen arbeitest. Kommuniziere an Deine Kollegen und Kunden, dass Du diese Intensiv-Einheiten für die Projektarbeit benötigst. Steht eine dringende und wichtige Aufgabe an, eliminierst Du zuerst alle Störquellen. Im zweiten Schritt arbeitest Du die Aufgabe systematisch und fokussiert ab.

#33: Fortsetzen

So langsam sollte ich aktiv werden. Freitag spät am Nachmittag. Mit einer Tasse heißen Kaffees sitze ich vor meinem Laptop und blicke auf den Ausdruck des Projektplans. In zwei Monaten ist mein Projekt rum. Höchste Eisenbahn, mit dem derzeitigen Kunden den weiteren Beratungsbedarf abzustimmen.

Folgeprojekt beim Bestandskunden

Was ist Dein nächstes Projekt?

Im letzten Drittel des aktuellen Engagements ist es an der Zeit, dass Du Dir diese Frage stellst. Generell stehst Du vor zwei Möglichkeiten: Neukunde oder Bestandskunde. Erstere Option ist spannend jedoch herausfordernd. Die Kosten für eine Neukundenakquisition sind hoch. Viel besser ist es, beim aktuellen Kunden weiter zu beraten, Dein Engagement einfach fortzusetzen. Erneut bieten sich Dir zwei Alternativen:

- Du berätst den aktuellen Kunden in ähnlichen Angelegenheiten weiter, machst also mehr vom gleichen. Beispielsweise kann das die Fortführung eines Trainings für einen weiteren Personenkreis sein.
- Du berätst Deinen Bestandskunden in neuen Themenstellungen, Aufgaben die er Dir auch zutraut. Beispielsweise folgt Deinem Training eine Train-the-Trainer Schulung.

Als Berater geht es Dir wie einem Restaurantbesitzer. Dein Ruf beim Bestandskunden ist immer nur so gut, wie Dein letztes Projekt (bzw. Gastmahl).

Damit Dich ein Kunde weiterbeauftragt, muss er von Deinen zu Ende gehenden Mandat zufrieden – am besten begeistert – sein.

Kein Geschäft, das glückliche Kunden hat, ist jemals gescheitert.
– Warren Buffett, US-amerikanischer Unternehmer und Investor

Mit fein dosierten Maßnahmen kannst Du etwas nachhelfen, dass Dein aktueller Kunde zum ‚Retainer', also zum Stammkunden wird:

- **Beobachte**, **höre zu** und **antizipiere**. Wo hat Dein Kunde noch offene Flanken? Welche Folgefragen ergeben sich? Gehe in Vorleistung und liefere erste Ideen.
- **Stelle Fragen** zu vorliegenden Herausforderungen. Gibt es eine Strategie für den bevorstehenden Markteintritt eines Wettbewerbers? Wie wird mit der neuen ISO-Norm umgegangen? Weise Deinen Kunden auf zukünftige Fallstricke hin.
- **Sprich** Deinen Kunden aktiv **an**. Wo kannst Du weiteren Nutzen generieren? Welche Themen kommen nächsten Monat auf ihn zu? Habe keine Scheu. Du möchtest helfen.

Nicht immer haben Kunden sofort einen Anschlussauftrag. Manchmal vergehen einige Monate, teilweise sogar Jahre. Doch dann, von einem Moment auf den anderen, benötigen sie eine Kraft, die ihnen bei der Lösung eines Problems unter die Arme greift. Jemanden, der bereits in der Vergangenheit einen exzellenten Job gemacht hat. Jemanden wie Dich.

#34: Fragen

„Vielen Dank. Nein, bitte keine Milch und auch keinen Zucker.“. Mein Kollege Jonas nimmt seine Kaffeetasse von der freundlichen Assistentin entgegen. Er und ich sitzen im Büro eines Maschinenbauers in einer kleinen Ortschaft irgendwo in Baden-Württemberg.

Unsere potentielle Neukundin Frau Ott betritt den Raum. „Herzlich willkommen bei uns auf dem Ländle.“ begrüßt sie uns herzlich. „Bitte meine Herren, dann erzählen Sie doch mal.“. Erfreut über das Startsignal holt Jonas seinen Laptop hervor und öffnet unsere Firmenpräsentation. „Bitte Frau Ott, können wir den Raum etwas verdunkeln? Dann können Sie besser unsere Folien sehen.“. Die Slide-Show beginnt.

Fragen stellen und das Gespräch führen

Was für den Automechaniker die Rohrzange oder den Allgemeinarzt das Stethoskop, sind für Unternehmensberater die Fragen: eines der wichtigsten Instrumente im Job. Mit dem Stellen von guten Fragen erkundest Du die Situation Deines Kunden, lernst seine Ziele, Befürchtungen und Rahmenbedingungen kennen.

Statt Dich auf Deine Inhalte zu konzentrieren und den Kunden mit (mehr oder weniger hilfreichen) Zahlen, Daten und Fakten zu überschütten signalisierst Du durch Fragen:

- *„Ich interessiere mich für Deine Anforderungen.“*
- *„Ich kann von Dir lernen.“*
- *„Du bist der Schlüssel zur Lösung.“*

Ganz nebenbei leitest Du mit Deinen Fragen die Richtung des Gesprächs. Wie bei einem guten Moderator entscheidest Du, wann, wie und wie lange ihr Euch welchem Thema widmet.

> **Wer sich des Fragens schämt, der schämt sich des Lernens.**
> – Christoph Lehmann, deutscher Lehrer und Stadtschreiber

In der Kommunikationstheorie existieren zahlreiche Fragetypen, jeweils mit einem spezifischen Zweck: offen, geschlossen, Aktivierung, Kontrolle, Zukunft, Suggestion, etc.. Für die Beratungspraxis relevant sind insbesondere die offenen Fragen, beginnend mit ‚W' wie beispielsweise Wieviel, Was, Welche, Wie oder Weshalb.

Mit klug gestellten Fragen signalisierst Du Deinem Gesprächspartner Deine Themenkompetenz und Erfahrung. Außerdem lernst Du wichtige Details über den Sachverhalt und verschaffst Dir während der Redezeit des Anderen Luft zum Nachdenken.

Was nützt Jonas aus dem oberen Beispiel, wenn er sein Unternehmen präsentiert? Über Frau Ott und ihre Ziele erfährt er durch sein Folien-Feuerwerk nichts. Statt Folien vorzubereiten, sollte er einen Satz von Fragen mit an den Tisch bringen und andersherum die Kundin ermuntern, ihre Fragen loszuwerden.

#35: Führen

Freitagvormittag im Home-Office. Ein Handwerksmeister klingelt pünktlich 11:30 Uhr an meiner Tür. Es geht um den neuen Parkettfußboden im Wohnzimmer. Ich biete einen Kaffee an, wechsle ein paar Worte und verziehe mich kurz darauf in mein Arbeitszimmer. Schließlich sind die Aufgaben vereinbart: alter Parkettfußboden raus, Estrich auswechseln, neues Parkett rein.

Nach 20 Minuten klopft der Handwerker an meine Tür: „Herr Schulz, welche Art von Estrich wollen Sie in Ihrem Wohnzimmer?“. Ratlos blicke ich den Meister an. Dieser präzisiert: „Ich empfehle Calciumsulfatestrich. Alternativ auch den klassischen Zementestrich.“. Ich spüre, wie Unverständnis und Ärger in mir hochsteigt. Seit wann bin ich Estrich-Experte?

Consulting heißt Führen

Rollenwechsel. Stelle Dir vor zwei Consultants wollen Dich bzgl. Deiner Jahresziele beraten:

- Berater A empfängt von Dir Aufgaben und trägt diese gewissenhaft ab. Regelmäßig möchte er von Dir Vorgaben zum Ablauf und den Tätigkeiten.
- Berater B schlägt Dir sein erprobtes Vorgehensmodell vor und beginnt die Aufgaben systematisch abzuarbeiten. Regelmäßig gibt er Dir einen Status.

Welchen Berater würdest Du engagieren?

Kunden beauftragen Dich als Unternehmensberater, damit Du ihnen ihre Probleme löst. Dazu benötigst Du Sachverstand, Menschenkenntnis und methodische Fertigkeiten. Statt jetzt nur im Passivmodus Aufgaben zu empfangen und abzutragen, bringst Du Deine Vorgehensweise mit an den Tisch. Du führst, sitzt bei Eurer Kooperation im Fahrersitz.

> **Verantwortlich ist man nicht nur für das, was man tut, sondern auch für das, was man nicht tut.**
> – Laotse, chinesischer Philosoph

Was bedeutet das konkret?

- Direkt zum Projektauftakt stellst Du Deinen Ansatz vor und kommunizierst, dass Du methodisch (nicht inhaltlich) durch das Vorhaben führen wirst.
- Du nutzt bewährte Mittel des Projektmanagements wie Terminpläne, Kanban oder Strukturpläne um Transparenz über Aufgaben und Ergebnisse herzustellen.
- Vor Terminen versendest Du an die Teilnehmer einen Agendavorschlag mit der Bitte um Ergänzungen, Rückfragen und Vorbereitung.
- Aufgaben vereinbarst Du immer eindeutig, daher „Wer liefert welches Ergebnis bis wann?“. Anschließend hältst Du diese nach.

Kunden vertrauen Beratern, die nicht nur wissen was sie tun, sondern wie sie es am besten tun. Gehe bei Deinen Projekten in die Führung. Leite souverän und verbindlich durch die Initiative.

#36: Geheimhalten

„Nein, die Projektampel ist gelb. Frau Haberl hat gestern den erforderlichen Input geliefert. Damit sind wir auf Kurs.“. Ich sitze im ICE nach Würzburg. Gezwungenermaßen werde ich Zeuge eines Telefonats meines Sitznachbarns. Sein Kleidungsstil deutet daraufhin, dass er wie ich ebenfalls Unternehmen berät.

„Was heißt das? Unser Statusreport ist doch eindeutig.“ fährt der Mitreisende wirsch fort. „Nein... Dann müssen wir das eben an den Lenkungskreis eskalieren.“.

In den folgenden 10 Minuten erhalte ich eine Menge Projektdetails und Firmeninterna. Irgendwann reicht es mir und ich verlasse die Sitzgruppe. Auf zum Bordbistro. Dort geht es wenigstens nicht um Projekte und Statusreports.

Kundendaten gehören dem Kunden

Unternehmen ist der Schutz ihrer Daten heilig. Unterlagen werden strikt nach öffentlich und geheim klassifiziert. Mit viel Aufwand werden IT-Sicherheitsmaßnahmen etabliert. Und regelmäßig werden die Mitarbeiter im Informationsschutz sowie dem vertraulichen Umgang von Daten geschult. Oberstes Ziel: Verhinderung des Abflusses von internen Informationen.

Ein Kunde vertraut sich Dir als Consultant an. Er schildert Dir seine fachlichen Probleme, vorsorgt Dich mit projektrelevanten Firmeninformationen und erteilt Dir Zugriff auf seine Ressourcen. Würdige dieses in Dich gesetzte Vertrauen.

- Nenne Deine Kunden vor anderen Kunden und Partnern nicht beim Namen. Du würdest es ebenfalls nicht mögen, wenn ein Arzt Deine Leiden an Dritte weitergibt.
- Führe kundenbezogene Telefonate hinter verschlossener Tür. Keinen hat zu interessieren, wo das Beratungsprojekt gerade steht und wobei es hakt.

- Nutze auf Reisen für Deinen Laptop einen Sichtschutz. Dieser verhindert, dass neugierige Nachbarn Deine in Bearbeitung befindlichen Dokumente sehen können.
- Verfasse auf Kundenprojekten basierendes Marketingmaterial wie Case Studies, Publikationen oder Blogbeiträge immer anonym. Außer der Kunde stimmt explizit zu.
- Hinterlasse keine Kundenrelevanten Dateien auf mobilen Datenträgern wie USB-Sticks oder Speicherkarten. Schnell gehen diese Mikrospeicher verloren.

Vertrauen ist für alle Unternehmungen das große Betriebskapital, ohne welches kein nützliches Werk auskommen kann. Es schafft auf allen Gebieten die Bedingungen gedeihlichen Geschehens.
– Albert Schweitzer, deutsch-französischer Arzt und Philosoph

Behandle Informationen über Kunden wie private Daten von denen Du nicht möchtest, dass diese an die Öffentlichkeit gelangen. Setze Deine wertvolle Kundenbeziehung nicht fahrlässig aufs Spiel. Auch weil Du sonst in den meisten Fällen eine Geheimhaltungsvereinbarung – auch Non Disclosure Agreement, NDA genannt – brechen würdest.

#37: Helfen

„Geht es nicht im Kern darum, unsere Leute bestmöglich in Projekte zu verkaufen?". Strategiesitzung bei uns im Unternehmen. Seit morgens 08:30 Uhr sind wir in Klausur, fixieren die großen Ziele und Rahmenbedingungen für das bevorstehende Kalenderjahr.

Der Partner fährt fort: „Als Consultants müssen wir uns verkaufen. Das ist wie in der Produktwelt. Essentiell dabei ist, dass Kunden unsere Beratungsleistung attraktiv und uns als Person angenehm finden.".

Obwohl der Partner ein paar Jahre länger im Consulting ist, stimme ich nur zum Teil zu. Insbesondere beim Begriff ‚verkaufen' habe ich ein Problem.

‚Dienen' kommt von Dienstleister

Perspektivwechsel. Stelle Dir vor Du brauchst dringend einen Steuerberater. Dieser soll innerhalb der folgenden beiden Woche die vom Finanzamt verbindlich geforderte Steuererklärung für das vergangene Jahr liefern. Wen würdest Du beauftragen? Einen Dienstleister, der sein 08/15-Vorgehen wie bei jedem seiner Mandanten durchzieht. Oder einen Berater, welcher detailliert auf Deine individuelle Situation, Präferenzen und Ziele eingeht?

Kunden mögen keine Unternehmensberater, die ihre Lösungsansätze, Best Practices oder Standardvorgehensweisen einfach nur ‚verkaufen' möchten. Stattdessen beauftragen sie Consultants, welche sie in ihrem Sinne und an ihrer Seite unterstützen. Berater, die Interesse an ihren Bedarfen, Wünschen und Problemen haben.

> **Man kann nicht allen helfen, sagen manche Leute, und helfen keinem.**
> – Peter Frankenfeld, deutscher Entertainer und Showmaster

Verkaufen oder helfen – Kunden spüren den Unterschied. Dein Hauptinteresse sollte es daher sein, dem Kunden mit Deinen

Kompetenzen und Expertise zu dienen, statt ihm nur Leistungen veräußern zu wollen.

- Mache das Problem des Kunden zu Deinem eigenen Problem.
- Versetze Dich in die Rolle Deines Kunden. Was braucht er? Was belastet ihn?
- Agiere mit dem Kunden auf Augenhöhe – als echter Sparrings-Partner.
- Wachse gemeinsam mit den Kunden an Euren Projekten.

Nicht gemeint ist Unterwürfigkeit oder Aufopferung. Arbeite konstruktiv, mit klarem Blick und Sachverstand. Zwischen Dir und Deinem Kunden besteht eine zeitlich befristete Kooperation auf Augenhöhe. Dabei teilt ihr die Ziele und Werte.

Sicherlich müssen auch Consultants sehen, dass Kunden regelmäßig ihre Beratungsangebote in Anspruch nehmen. Der Weg sollte jedoch der umgedrehte sein: nicht der Berater verkauft, sondern ein Kunde kauft. Warum? Aufgrund der Expertise des Consultants, seinen Kundenreferenzen, seiner Reputation am Markt, dem Partnernetzwerk, etc..

#38: Heranführen

Samstagvormittag, ich stehe auf dem Tennisplatz. Meine letzte Partie liegt mehrere Jahre zurück, deshalb gönne ich mir ein paar Technik-Übungsstunden. Timm, mein Trainer, steht an der T-Linie, bereit mir die Bälle für einen Rückpass jeweils abwechselnd auf Vor- und Rückhand zuzuspielen. Ich habe mich ebenfalls an der T-Linie postiert, fokussiert auf die vor mir liegenden Ballkontakte.

Timm spielt den ersten Ball. Ich erreiche diesen knapp und kann retournieren. Sofort legt er mit einem Ball in die andere Ecke nach. Leider zu weit für mich, ich verfehle. Statt kurz zu pausieren und Tempo rauszunehmen, setzt Timm zum dritten Ball an. Direkt danach zum vierten. Fünften. „Stopp!“ rufe ich „Das ist zu viel für mich!“.

Leichte, statt schwere Kost für den Kunden

Dein Kunde hat wenig Zeit. Deshalb hat er Dich als Unternehmensberater engagiert. Neben Deiner neutralen Meinung, Deinen Ansätzen und Methoden, sollst Du ihn entlasten. Für ihn die wichtigen Dinge, von den unwichtigen sortieren. Fehl am Platz sind:

- **Exzessive Excel-Kalkulationen**, die zwar richtig, aber deren Kernaussage nur nach aufwendiger Einarbeitung nachvollziehbar ist.
- **Vollbepackte Präsentationsfolien**, die – obwohl sie fundiert und faktenreich sind – dem Kunden im Unklaren belassen, was wichtig ist und was nicht.
- **Fachbegriffe und Consulting Buzzwords**, die zwar intellektuell und hochtrabend klingen, deren Interpretation aber mehrdeutig ist.
- **Komplizierte Modelle**, **Methoden** und **Konzepte**, die alle für sich ihre Berechtigung haben, den Kunden jedoch mehr verwirren als helfen.

Überfordere Deinen Kunden nicht mit zu viel, zu schnell, zu oft oder zu komplex. Führe ihn stattdessen an Deine Vorschläge heran. Schritt für Schritt, Gedankengang für Gedankengang.

Das Einfache, sich zu reduzieren, ist toller, finde ich, als sich aufzublasen.
– Anke Engelke, deutsche Komikerin

Als praktischer Helfer dient Dir der Bushaltestellen-Test. Zentrale Frage: „Wird das Ergebnis, die Idee, das Vorgehen, etc. innerhalb von 2 Minuten von einem beliebigen Wartenden an einer Bushaltestelle verstanden?“. Falls nein, musst Du einen Zwischenschritt einbauen, weiter vereinfachen, überflüssige Fakten weglassen. Kleine entscheidbare Häppchen, statt schwer verdaubare Kost lautet das Motto.

#39: Innovieren

Digital Summit in München. Ein ehemaliger CIO eines Unternehmens für Rückversicherungen, äußert sich zur Digitalisierung und der Zunft der Berater. Fleißig notiere ich den O-Ton des Ex-Top-Managers.

„Die Berater – und dazu gehören auch Analysten – nutzen eine andere Vorgehensweise, die ich als Waldbrandwirtschaft bezeichne: Ein Wald wird abgebrannt und die Asche ausgebeutet (etwa Zentralisierung, Effizienz, Lean Management). Wenn der Boden erschöpft ist, brennt man den nächsten Wald ab (Dezentralisierung, Nähe zum Kunden, Flexibilität), um dann irgendwann zu hoffen, dass der erste Wald wieder gewachsen ist. Und so ist auch der strategische Nutzen von IT mal ein Thema, dann wieder nicht von Interesse.“.

Ich muss schlucken. Und frage mich welchem Job der CIO heute nach seiner Versicherungskarriere nachgeht.

Innovationsmaschine Unternehmensberater

Es fällt leicht Unternehmensberater nachzusagen, dass diese sich von einem Trend zum nächsten hangeln und bei Unternehmen nichts als verbrannte Erde zurücklassen. Fakt ist: Beratungsthemen wie Digitalisierung, Agile Entwicklung und Security sind alles keine verbrannten Wälder. Im Gegenteil. Lasse Dir von Nörglern – auch wenn sie einmal eine hohe Position innehatten – nicht dem Spaß am Problemlösen und Helfen verderben.

Als Consultant bringst Du einen (meist notwendigen) Impuls von außen in Dein Kundenunternehmen. Du vertrittst eine alternative Sichtweise auf den Sachverhalt – aufgeschlossen, ungebunden und neugierig. Statt Dich an den bestehenden Verhältnissen festzuklammern, stellst Du die Weichen in Richtung Änderung.

Wer nicht mit der Zeit geht, geht mit der Zeit.
– Johann Christoph Friedrich von Schiller, deutscher Arzt, Dichter, Philosoph und Historiker

Natürlich helfen Dir dabei wirtschaftliche, soziale und politische Entwicklungen. Diese greifst Du auf, wendest sie beim Kunden an und überträgst sie bei Erfolg auf neue Klienten. Statt auf der Stelle zu verharren, innovierst Du, schaffst bei Deinem Kunden Mehrwerte durch Neues.

Als Berater musst Du nicht auf jedes Buzzword springen, nicht allen Trends hinterherlaufen. Jedoch solltest Du regelmäßig bisher unbekannte Methoden, Modelle und Ansätze aufgreifen und im Sinne Deines Kunden zum Einsatz bringen. Innovation ist jedoch nicht nur auf Deinen Kunden beschränkt. Auch in der eigenen Beratung kannst Du durch frische Ideen einen zusätzlichen Mehrwert für die Kollegen und Dich stiften. Sei neugierig. Sei innovativ.

#40: Integrieren

Montagmorgen. Besprechung bei Kunde A. Die Kleidung ist Casual, die Stimmung ist gelöst. Mehrere geöffnete Cola-Dosen stehen auf dem Tisch. Für Mittag ist Thai-Food bestellt. Fast könnte ich glauben, ich sei auf einer Party statt auf einem Business-Meeting.

Mittwochnachmittag. Jour Fixe bei Kunde B. Mit Anzug und Kostüm haben sich die Teilnehmer um einen schweren Holztisch versammelt. Das einzige Geräusch stammt vom Beamer. Spannung liegt in der Luft. Punkt 14:00 Uhr erhebt der Projektleiter die Stimme und wir starten.

Gleiche Stadt, gleiche Branche, zwei verschiedene Kulturen.

Temporäre Integration in die Kultur des Kunden

Sie ist schwer greifbar und meist nicht schriftlich fixiert, umgibt Dich jedoch bei jedem Kunden: die Unternehmenskultur. Unternehmenskultur? Was ist das?

Als vereinfachende aber pragmatische Definition kannst Du eine Unternehmenskultur als *„Summe der gelebten und geteilten Werte in einer Organisation"* verstehen.

‚Gelebt' bedeutet, dass Personen nach (nicht notwendigerweise schriftlich festgehaltenen) Werten handeln. ‚Geteilt' heißt, dass mehrere Personen die Verhaltensweisen an den Tag legen.

Im Tagesgeschäft hat eine Unternehmenskultur diverse Facetten:

- Das Vorgehen in Meetings, Workshops, Telkos und anderen Gruppenterminen.
- Der Umgangston beim Miteinander, persönlich, schriftlich und telefonisch.
- Das was gesagt und getan wird. Und insbesondere was nicht.
- Die Prioritäten, Schwerpunkte und Eigenheiten beim Arbeitsprozess.

In der Rolle des externen Beraters wirst Du für eine bestimmte Zeit Teil dieser Kultur. Du integrierst Dich temporär während des Projektes.

Culture eats strategy for breakfast.
– Peter F. Drucker, US-amerikanischer Ökonom

Gerne tragen Firmen ihre Kultur in Hochglanz-Flyern nach außen. Jedoch sind die kommunizierten und gelebten Werte zwei unterschiedliche Paar Schuhe. Erstere kannst Du nachlesen, letztere erfährst Du bei Interaktionen im Arbeitsalltag.

- Achte insbesondere in den ersten Projekttagen auf das Verhalten der Kollegen.
- Stelle Fragen „Wie man hier in der Firma“ zu bestimmten Dingen steht.
- Berate Dich mit Kollegen mit Kundenerfahrungen zur Unternehmenskultur.
- Spreche den Kunden an, wie er sich ein Vorgehen bzw. Ergebnis vorstellt.

Fördere alle ungeschriebenen Werte, Regeln und Prinzipien bei Deinem Kunden Stück für Stück zu Tage. Und greife Sie in Deinem Beratungsstil für die Zeit im Projekt auf.

#41: Interagieren

Eine neue Beraterwoche nimmt ihren Lauf. Direkt am Montagvormittag steht ein Interview mit einem Kundenmitarbeiter in meinem Kalender. ‚Business as usual' denke ich. Schließlich ist dies nicht mein erstes 1:1 Gespräch mit einem Fachexperten. Doch bereits nach 5 Minuten Gespräch merke ich: mein Gegenüber weicht mir aus, möchte am liebsten sofort das Gespräch quittieren.

Was tun? Einfach weitermachen? Themenwechsel? Oder das Interview auf später vertagen. Schließlich ist Montagmorgen nicht jedermanns Sache...

Beziehung auf inhaltlicher und sozialer Ebene

Interviewsituationen wie diese begegnen Dir im Consulting immer wieder: Der Interviewte lässt sich nur widerwillig auf Deine Fragen ein. Er oder sie antwortet einsilbig und steht Dir teilweise sogar ablehnend gegenüber. Und das, obwohl der Termin sorgfältig geplant, der Interviewte im Vorfeld ausführlich über Ziel und Diskussionsinhalte informiert wurde.

Während Interviews ist es wichtig, sich neben der inhaltlichen Ebene mindestens mit gleicher Intensität auf die zwischenmenschliche Ebene zu konzentrieren. Baue eine soziale Verbindung zu Deinem Gesprächspartner auf. Dazu kannst Du gezielt Methoden des Neuro-Linguistischen Programmierens nutzen. Einfach im nächsten Termin ausprobieren.

Perspektivwechsel
Betrachte das Interview aus der Sichtweise von Dir, Deines Gegenübers und eines neutralen Beobachters. Was fällt Dir auf? Worin liegen die Interessen und Positionen der einzelnen Perspektiven? Wie deckungsgleich sind die Einstellungen?

Rapport
Baue eine positive Beziehung zu Deinem Gesprächspartner auf. Dazu

besteht Schritt 1 in der bewussten Wahrnehmung Deines Gegenübers über unterschiedliche Sinneskanäle. Im zweiten Schritt passt Du Dich der Körperhaltung und Sprache Deines Gegenübers an. Gleiche Dich in Schritt 3 dem Verhalten des Interviewten an, indem Du dessen Körpersprache und -haltung aber auch Einstellung, Argumente und Meinungen übernimmst. Schließlich beginnst Du in Schritt 4 mit zunächst schwachen Signalen die Richtung vorzugeben.

Vertrauensvolle Beziehungen entfalten sich dort, wo man ihnen Raum gibt.
– Tom Noeding, Kommunikationsexperte und Gründern des Bundesverbands Community Management

Kommunikationstyp

Jeder Mensch verfügt über fünf Sinne: Sehen, Hören, Fühlen, Riechen und Schmecken. Wenn Du eine Person interviewst, versuche herauszufinden auf welche Sinnesreize diese anspricht und passe dann Deinen Kommunikationsstil an. Zum Beispiel greifst Du bei visuellen Typen auf Diagramme und Modelle zurück. Hingegen legst Du bei auditiven Personen besonders Wert auf die Tonspur und unterstützt Eure Diskussion mit ein paar Skizzen.

#42: Interviewen

Audit-Vorbereitungen bei einer Großbank in Frankfurt. Gerald Sommer und ich sitzen zusammen in einem Besprechungsraum. Herr Sommer verantwortet die Web-Anwendung ‚Power-Banker'. Diese soll in zwei Monaten von Wirtschaftsprüfern auf Herz und Nieren evaluiert werden. Im bevorstehenden Interview möchte ich technische und fachliche Lücken identifizieren.

Herr Sommer ist nervös, schließlich geht es um das von ihm verantwortete IT-System. Vier Jahre seiner Karriere stecken in der Software. Und nun steht sein Baby auf dem Prüfstand.

Mit einem Interview den Wissensschatz heben

In der Beratung gehören Interviews zu Deinem Brot- & Buttergeschäft. Ob nun Fakten über Fachprozesse, Details zu einem IT-System oder auch Infos bzgl. einer Geschäftsstrategie: mit einem strukturierten Expertengespräch gelangst Du an lösungsrelevante Daten.

Doch Vorsicht: Interviews dienen nicht nur rein der rationalen Beschaffung von harten Fakten. Ebenso wichtig ist ihre persönliche Ebene, der Beziehungsaufbau mit dem Interviewpartner. Um auf beiden Ebenen zu reüssieren, solltest Du ein paar Tipps berücksichtigen.

Stelle Dir vor dem Termin folgende Fragen:

- **Stellenwert** – Kennt Dein Interviewpartner die Ziele und Eckdaten des Gesprächs?
- **Gegenperspektive** – Worin bestehen seine Interessen, Wünsche und Befürchtungen.
- **Interviewleitfaden** – Welche Wissensbedarfe wirst Du mit welchen Fragen wie decken?

In der Musik des Gesprächs dient die Aufmerksamkeit des Hörers als Begleitung.
– Joseph Joubert, französischer Schriftsteller und Moralist

Im Gesprächstermin achtest Du auf mehrere Facetten:

- **Kontext** – Inwieweit solltest Du Deinem Gesprächspartner erneut Hintergrundinfos zum Zweck und Verlauf des Interviews geben?
- **Fragen** – Was lösen die Fragen bei Deinem Interviewpartner aus?
- **Zuhören** – Was sagt Dein Interviewpartner, wenn schon alles gesagt wurde?
- **Paraphrasieren** – Hast Du die besprochenen Themen richtig und vollständig verstanden?

Nach dem Abschluss des Gesprächs ist die Arbeit für Dich noch nicht ganz erledigt.

- **Mitschrift** – Welche weiteren Infos kannst Du zu Deinen Notizen hinzufügen?
- **Dank** – Hat Dein Interviewte eine kurze Nachricht mit Mitschrift und Dank erhalten?

Verlange in Deinem Interview nicht zu viel. Nur selten fördert ein einziges Gespräch den Stein der Weisen zu Tage. Oft dient das erste Treffen um den Gesprächspartner persönlich kennenzulernen, sich aneinander zu gewöhnen. Den Informationsschatz hebst Du in Folgetreffen. Stückweise, Gespräch für Gespräch, Antwort um Antwort.

#43: Kategorisieren

Dienstagabend. Ich brüte vor einer Excel-Liste die alle Softwaretools eines internationalen Automobilherstellers auflistet. Die Tabelle ist ein frischer Export aus der Firmendatenbank. Mein Auftrag: eine passende Kategorisierung für die Tools finden.

„Nach welchen Kriterien soll ich unterscheiden?“ höre ich mich fragen: „Nach fachlichen, geographischen oder funktionalen Aspekten?“. „Was macht eine gute Kategorisierung aus?“.

Etwas ermattet sende ich Hilfe-Mail an meinen Kollegen Peter. Soviel ich weiß, hatte dieser eine ähnliche Aufgabe vor ein paar Jahren schon einmal auf dem Tisch. Nach einer Minute, erhalte ich auch schon eine Antwort. Peters Nachricht enthält nur ein einziges Wort: MECE.

Überschneidungsfrei und vollständig Kategorisieren

In der Beratung gehört es zum Brot- & Buttergeschäft: die Kategorisierung von Daten.

- Kundenstammdaten müssen in voneinander unterscheidbare Cluster eingeteilt werden.
- Ein Set von Anwendungsfällen soll nach eindeutigen Kriterien klassifiziert werden.
- Eine Vielzahl von Brainstorming-Ideen soll in feste Gruppen überführt werden.

Greife bei Kategorisierungsaufgaben auf das sogenannte MECE-Prinzip zurück. MECE ist ein englisches Akronym und steht für ‚Mutually Exclusive and Collectively Exhaustive‘, zu Deutsch 'sich gegenseitig ausschließend und insgesamt erschöpfend‘. Im Kern enthält MECE zwei Anforderungen an Deine Kategorisierung:

1. Alle **Kategorien sind überschneidungsfrei**. Daher: kein zu kategorisierendes Datenelement fällt in zwei Kategorien.

2. Alle **Kategorien decken den Sachverhalt vollständig ab**. Daher: jedes zu kategorisierende Datenelement fällt in eine der verfügbaren Kategorien.

> **Ein kreativer Mensch ist primitiver und kultivierter, destruktiver und konstruktiver, sehr viel verrückter und sehr viel vernünftiger als der Durchschnittsmensch.**
> – Viktor Frankl, österreichischer Neurologe und Psychiater

Definiere zunächst die Kategorien, anschließend die Unterscheidungskriterien – immer entlang des MECE-Prinzips. Steht beides, sortierst Du die Datenelemente gemäß den Kriterien in die Kategorien. Jedes Element gehört jetzt genau zu einer Kategorie. Alle Kategorien bilden den Sachverhalt ab.

Eine nach dem MECE-Prinzip geordnete Datenmenge lässt sich gut für Entscheidungen heranziehen. Dazu legst Du zuvor fest, wie mit den jeweiligen Elementen einer Kategorie umgegangen werden soll. Beispielsweise könntest Du die oben angesprochenen Softwaretools in die beiden Kategorien ‚Tool abschalten' und ‚Tool weiter betreiben' einteilen. Damit ist klar, wie der Automobilhersteller zukünftig die Softwarewerkzeuge nutzen, finanzieren und betreiben wird.

#44: Kleiden

„Können wir uns kurz sprechen.". Verbindlich blicke ich meiner neuen Kollegin Anke in die Augen und gebe ihr mit einem Nicken zu verstehen, mir in die Kaffeeküche zu folgen. Anke schaut mich fragend an. An der Kaffeemaschine angekommen vergewissere ich mich, dass wir unter vier Augen miteinander reden können.

Ich beginne: „Anke, ich weiß wir sind bei einem Nutzfahrzeughersteller. Ich weiß auch, dass wir Sommer haben und draußen die Sonne knallt. Jedoch passt Deine Garderobe aus meiner Sicht nicht zum Umfeld. Das Oberteil ist zu knallig, der Rock zu kurz. Das irritiert die Kundenmitarbeiter und untergräbt unsere Kompetenz als Berater. Bitte kleide Dich zukünftig professioneller.".

Anke nickt. Am Folgetag trägt sie ein Business Kostüm.

Den ersten Eindruck unterstreicht die Kleidung

Für Deinen Kleidungsstil gilt: immer ein Ticken besser als Dein Kunde. Trägt Dein Klient Business Hose und Jackett, so erscheinst Du gleichsam im Anzug jedoch zusätzlich wahlweise mit Krawatte oder farbigem Einstecktuch. Ist bei Deinem Klienten üblicherweise Jeans und Polo-Shirt angesagt, kleidest Du Dich ebenfalls mit einem Polo-Shirt, ergänzt diese Montur noch durch einen Sport-Sakko. Im Zweifelsfall Overdressed, eine Krawatte kannst Du im Nachhinein immer abnehmen. Im Schnelldurchlauf die drei Typen:

- **Business**: Anzug, Hemd, Krawatte, Hosenanzug, Kostüm
- **Business Casual**: Anzug, Kombination, Hemd, Polo-Shirt, Rollkragen-Pullover
- **Casual**: T-Shirt, Jeans

Kleider machen Leute. Und Kleider untermauern Deine Autorität. Achte auf hochwertige, intakte und zum Körper passende Kleidungsstücke. Wie Du von Piloten oder Flugbegleitern eine Uniform erwartest, gehen Kunden bei Dir als Unternehmensberater von eleganter Business Garderobe aus. Achte auf gepflegte und saubere Schuhe. Auch diese gehören zur Bekleidung. Vermeide bunte und grelle Farben, sondern bevorzuge stattdessen dezente Dunkeltöne.

An der Farbe läßt sich die Sinnesweise, an dem Schnitt die Lebensweise des Menschen erkennen.
– Johann Wolfgang von Goethe, deutscher Dichter

Kunden bezahlen hohe Beratungshonorare. Entsprechend sollte ihre personelle Verstärkung auch gekleidet sein. Lasse Deine Anzüge bzw. Kostüme regelmäßig reinigen und lege Dir immer wieder neue Kleidungsstücke zu. Deine Partnerin, modebewusste Freunde oder versierte Stilberater helfen Dir gerne bei der Garderobenauswahl.

#45: Leisten

Oktober. Endspurt. Wirtschaftlich geht das Jahr in seine letzte Runde. Viele Unternehmen geben jetzt noch ihre aufgesparten Budgets für Beratungsprojekte aus. So wurden auch mein Kollegen Oliver und ich kurzfristig gebeten die IT Service Governance eines Automobilbauers zu konzipieren. In wenigen Wochen entwerfen wir Aufbau- und Ablauforganisation, detaillieren Rollen und Gremienstrukturen. Die Arbeitstage sind lang, eine Überstunde reiht sich an die Andere.

Dann der Tag der Vorstellung und Übergabe. Erschöpft von den anstrengenden Wochen aber stolz etwas mit Hand & Fuß geschaffen zu haben, präsentieren wir unsere Ergebnisse. Doch der Kunde lehnt sich zurück, wirkt nicht überzeugt von unserem Vorschlag. Eine Verlängerung unseres Beratungsmandats lehnt er ab.

Was war passiert?

Im Consulting gezielt Blindleistung reduzieren

„Das Richtige richtig tun." lautet eines der zentralen Beratungsprinzipien. Es gilt ein im Vorfeld festgelegtes Ziel möglichst wirtschaftlich zu erreichen. Konkret:

- Effektiv sein, daher Ziele zu definieren und anschließend zu erfüllen.
- Effizient sein, daher bei der Zielerreichung Ressourcen-schonend vorzugehen.

Arbeitest Du nicht effektiv und/oder nicht effizient, kommt es zu Blindleistung. Die verrichtete Arbeit bzw. die erstellten Ergebnisse sind unnötig. Weder generieren sie für Deinen Kunden, noch für Dich oder Dein Unternehmen einen Mehrwert.

Was man zur Effektivität braucht,
ist eine durch Übung gewonnene Kompetenz.
– Peter F. Drucker, US-amerikanischer Ökonom

Blindleistung solltest Du meiden wie der Teufel das Weihwasser. Sei **effektiv**:

- Vereinbare messbare Ergebnisse. Definiere was das Richtige ist.
- Gehe in kleinen Schritten vor und präsentiere Zwischenergebnisse.
- Lege nicht sofort los. Prüfe mit Fragen, wie ausgereift und stabil Wünsche sind.

Und gleichzeitig **effizient**:

- Baue auf den Leistungen Deiner Kollegen auf, statt das Rad neu zu erfinden.
- Nutze Dein Know-How und Expertise aus vergangenen Engagements.
- Pflege gute Beziehungen und steigere damit Deine subjektiv wahrgenommene Leistung.

Arbeite smart, statt hart. Stecke Zeit, Energie und Schweiß in Dinge, die Dein Kunde wahrnimmt und honoriert. Sorge für echte Wertschöpfung, die Dich motiviert und Deinen Klienten nutzt.

#46: Lernen

„Ich lerne doch in den Kundenprojekten genug. Warum da extra Geld für ein 2-tägiges Projektmanagement-Training in die Hand nehmen?“ konfrontiert mich meine Mitarbeiterin Sandra und ergänzt: „Wer soll mich während der Schulungstage dann vertreten und meine Arbeit voranbringen?“.

Ich verstehe Sandras Argumentation. Eingespannt in zwei parallelen Kundenprojekten ist ihre Arbeitswoche mehr als ausgefüllt. Doch ist es nicht immer so? Gibt es nicht zu jederzeit Argumente gegen eine weiterführende Qualifizierung?

„Sandra, ich kann Deine Situation nachvollziehen.“ höre ich mich sagen. „Wie können wir gemeinsam sicherstellen, dass Du Deine Fähigkeiten im Management von Projekten ausbaust?“

Lernen – immer und überall

Ich gebe es zu: Phrasen wie ‚Lebenslanges Lernen‘ oder ‚Permanente Weiterqualifizierung‘ lesen sich vielleicht etwas abgedroschen. Klar, eine ständige Weiterbildung ist die oberste Maxime eines Beraters. Jedoch gehen Anspruch und Wirklichkeit oft auseinander.

- Im stressigen Projektalltag fällt es schwer, sich für die wichtigen Weiterbildungseinheiten Luft zu verschaffen.
- Das für den August geplante 3-Tages Training musst Du aufgrund eines kurzfristigen Projekteinsatzes leider auf unbestimmte Zeit verschieben.
- Das Wochenende mit der Partnerin, Bekannten und Freunden war wieder so schnell rum. Für Fachlektüre war da definitiv keine Zeit.

Unerheblich wie Deine Argumentation im Einzelnen ausfällt: im Beraterdreiklang von Kundenprojekte, Karriereentwicklung und

Weiterqualifikation ist es häufig die letzt genannte Disziplin, die den Kürzeren zieht.

Bei keinem anderen Beruf lernt man so viel in so kurzer Zeit wie als Consultant.
– Dirk H. Hartel, deutscher Professor und Autor

Dabei lässt sich Lernen einfach und effektiv in Deinen Alltag integrieren:

- Während der Autofahrt zum Kunden lauschst Du einem Sachhörbuch, statt dem ewig-gleichem Gedudel im Radio.
- Im Unternehmen regst Du Wissenstage zum Austausch mit Deinen Kollegen an.
- Auf Deinem Smartphone befindet sich ein relevantes eBook, welches Du in einer kurzen Pause mit zwei Klicks öffnen und sofort loslesen kannst.
- 10 Minuten Wartezeit am Flughafen überbrückst Du mit einem Online Wissensvideo.

Der Schlüssel liegt in der Gewohnheit. Verankere eine 10-minütige Lerneinheit in Deinen Tag, zum Beispiel direkt vor dem Frühstück. Pro Woche summiert sich dieses Ritual auf 70 Minuten, im gesamten Jahr auf über 60 Stunden! Viel Erfolg.

#47: Liefern

Gartenarbeit am Wochenende. Meine Frau bittet mich, den Rasen zu mähen. Da wir noch keinen Mähroboter haben, schnappe ich mir die alte Elektromaschine aus dem Geräteschuppen und beginne systematisch meine Bahnen zu ziehen. Innerhalb 30 Minuten bin ich fertig.

Freudestrahlend, ein sichtbares Ergebnis in so kurzer Zeit geschaffen zu haben, wende ich mich an meine Frau. „Kannst Du unsere Wiese bitte gleichmäßig mähen." bittet sie und fügt hinzu: „Denke auch an die Ecken direkt am Zaun und an die große Mauer.". „Aber warum?" entgegne ich leicht gereizt: „Der Rasen sieht passabel aus. In zwei Wochen wächst hier sowieso wieder alles nach.".

Ein Blick meiner Frau genügt und ich stelle mich für weitere 60 Minuten hinter die Mähmaschine. Drei Wochen später ist von meinem 90-minütigen Arbeitseinsatz nichts mehr zu sehen.

Bei 20 Prozent Einsatz 80 Prozent liefern

Unternehmensberater nennen es die 80-zu-20-Regel, den Pareto-Effekt oder schlichtweg 80/20. Ein Prinzip welches besagt, dass

- sich **80 Prozent der Ergebnisse mit 20 Prozent des Aufwandes** erreichen lassen und
- für die **verbleibenden 20 Prozent der Ergebnisse 80 Prozent der Arbeit** erforderlich sind.

Inzwischen wird das Prinzip nicht nur für den Zusammenhang von Ergebnis und Aufwand herangezogen, sondern allgemein um den Zusammenhang zwischen zwei Größen darzustellen. Auch im Consulting kannst Du die 80/20-Regel regelmäßig beobachten.

- In Office Tools wie Microsoft Excel oder Word nutzt Du in 80 Prozent der Fälle 20 Prozent des Funktionsumfangs.

- Bei viele Unternehmensberatungen tragen 20 Prozent der Kundschaft zu 80 Prozent des Umsatzes bei.
- Bei der Erstellung von Unterlagen reichen Dir 20 Prozent der Zeit für 80 Prozent des Inhaltes. Die restliche 80 Prozent Zeit bleiben für das ‚Verschönern'.

Vielleicht gerade wegen ihrer hohen Bekanntheit und Griffigkeit werfen Consultants die 80/20-Regel sehr schnell und häufig in den Raum. Prüfe bitte, ob das Prinzip für Deinen Sachverhalt tatsächlich greift.

Mein Idealspieler existiert nicht.
Perfektion gibt es nur im Computer.
– Otto Rehhagel, deutscher Fußballtrainer

Übrigens geht die 80/20-Regel auf den italienischen Ingenieur, Ökonom und Soziologen Vilfredo Federico Pareto zurück. Im 19. Jahrhundert untersuchte dieser die Verteilung des Bodenbesitzes in Italien. Der Forscher fand heraus, dass rund 20 Prozent der Italiener rund 80 Prozent des Bodens besitzen. Keiner weiß heute mehr genau, wieviel dieser Fläche damals aus regelmäßig zu mähenden Rasen bestand.

#48: Lösen

„Bin ich hier im Kindergarten?". Mein Kollege Cornelius blickt mich entnervt an. „Ständig kommt der Kunde an und erzählt mir von seinen Wehwehchen. Hier ein Hindernis, dort ein Thema. Ich bin Unternehmensberater und keine Tagesmutter!"

„Sind es private oder berufliche Probleme?" frage ich knapp über meinen Laptop schauend zurück. Ich muss noch eine Präsentation fertigstellen, zum Diskutieren bleibt jetzt wenig Zeit. Cornelius antwortet: „Alles rein beruflich. Gott sei Dank, sonst wäre ich Psychotherapeut geworden."

Unternehmensberater sind Problemlöser

Kennst Du den Unterschied zwischen einem Zahnarzt und einem Juwelier? Ein Zahnarzt löst Probleme. Er sorgt dafür, dass die quälenden Schmerzen im Mund ein Ende finden bzw. bestenfalls gar nicht erst entstehen. Ein Juwelier hingegen erfüllt Herzenswünsche. Beispielsweise der Wunsch nach Schönheit, Status und/oder Freude.

Als Consultant wirst Du meistens bei Problemen zu Unternehmen gerufen. Der Kunde ist mit Schwierigkeiten konfrontiert, die er nicht alleine beseitigen kann, will oder darf. Eine bestimmte Sache läuft beim ihm einfach nicht rund. Damit handelst Du wie ein Arzt, der Missstände möglichst reibungsfrei und schnell beseitigen soll.

Was heißt das in der Praxis für Dich?

- Handle als Mensch, der ‚Hurra' ruft, wenn er ein Problem erblickt und nicht jemand, der sich darüber beschwert, wenn eines aufkommt.
- Trenne bewusst zwischen Problem, Lösung und Konsequenzen. Für ein Problem gibt es verschiedene Lösungsansätze mit unterschiedlichen Folgen.

- Habe Spaß am wiederkehrenden Lösen von Problemen. Nutze dazu Dein Fach-, Methoden- und Sozialwissen und baue dieses kontinuierlich aus.

Durchschneide nicht, was du lösen kannst!
– Joseph Joubert, französischer Schriftsteller und Moralist

Oft betrachtet ein Kunde seine Probleme als sehr gravierend und hochgradig individuell. Meist stehen für ihn berufliche bzw. persönliche Aspekte auf dem Spiel. Das kann eine Beförderung auf der Karriereleiter, ein attraktiver Jahresbonus oder die Versetzung in eine Zweigniederlassung sein.

Auch wenn Du das Gleiche oder zumindest ein ähnliches Problem bei anderen Kunden bereits mehrfach gelöst hast, solltest Du jedes Problem wertschätzen und seine Einzigartigkeit hervorheben. Vermittle dem Kunden auf diese Weise die Relevanz seiner Themen. Anders jedoch bei der Lösung. Manchmal musst Du für diese den Kunden erst in eine bestimmte Richtung stupsen. Das was er will, ist nicht immer das was er tatsächlich braucht.

#49: Machen

„Vielleicht sollten wir mehr auf Messen gehen. Und unser Unternehmen dort präsentieren.“. Ich sitze in einer Managementrunde und höre den Aussagen von Norbert, einem unserer Partner, zu.

„Der Schlüssel liegt in Publikationen.“ erwidert Annette eine Senior Managerin, die seit über 10 Jahren bei uns in der Firma arbeitet. Sie ergänzt: „Entscheider lesen relevante Artikel in renommierten Fachmagazinen.“.

Schließlich meldet sich unser zweiter Partner Matthias zu Wort: „Aus meiner Erfahrung sind Vorträge und eigene Veranstaltungen das beste Mittel, um mit potentiellen Kunden ins Gespräch zu kommen.“.

Nach 2 Stunden sitzen wir immer noch im Meeting. Zwar kennen wir jetzt die Vor- und Nachteile der verschiedenen Akquisemaßnahmen, wirklich entstanden ist dabei jedoch nichts. Das Meeting wird von Norbert auf unbestimmte Zeit vertagt. Bis dahin sollen die Praktikanten eine Marktanalyse durchführen.

Ein Plan ohne Umsetzung ist wertlos

Du bist schon einige Zeit in der Beratung? Ja? Dann kennst Du folgende Situation: im Projekt scheint die Zeit still zu stehen. Nichts bewegt sich mehr. Jeder wartet, bis irgendjemand den nächsten Schritt macht. Die Gründe dafür sind vielfältig:

- Das Projekt und Du warten auf eine Entscheidung ‚von oben‘. Bis der Steuerkreis nicht getagt, das Gremium nicht beschlossen hat, bedeutet Weitermachen reine Energieverschwendung.
- Bevor Du die nächste Aufgabe in Angriff nehmen kannst, benötigst Du den Input der Nachbarabteilung. Seit Tagen vertröstet diese Dich per E-Mail.

- Das ist bereits das dritte Mal, dass Du und Dein Team dem Kunden einen Lösungsvorschlag präsentierst. Erneut stößt Eure Idee auf Ablehnung. Ihr seid der vielen Vorschläge müde und wollt abwarten, wie sich die Lage entwickelt.

Durchbrich diesen gordischen Knoten und schreite zur Tat. Hüte Dich davor alles von Anfang an perfekt zu machen. Ein mittelmäßiges Resultat heute ist besser, als ein perfektes irgendwann.

Wer etwas haben möchte, dass er noch nie hatte,
wird wohl etwas tun müssen, dass er noch niemals tat.
– unbekannt

Um auf das obere Beispiel zurückzukommen: in der darauffolgenden Managementrunde konnten wir drei kleine Initiativen beschließen. Einen örtlichen Messebesuch, ein 2-seitiger Fachartikel und ein Vortrag an einer regionalen Hochschule. Alle drei Marketing- & Vertriebsmaßnahmen zahlten sich aus.

#50: Mailen

„260 E-Mails!". Stolz verkündet uns Ahmet Uslam – Leiter der Marketing & Sales Abteilung eines Luftfahrtkonzerns – die Anzahl der elektronischen Nachrichten, die während der Urlaubszeit in seinem Postfach eingetrudelt sind. Ohne auf eine Reaktion zu warten ergänzt er beflissen: „Das sind viele dringende Themen. Ich werde jetzt den Nachmittag blocken und den Berg abtragen.".

Für mich stellen sich zwei Fragen. Erstens: Wie kann man auf sein E-Mailvolumen stolz sein? Zweitens: Warum soll man dringenden E-Mails so eine hohe Priorität einräumen?

E-Mails für wichtige und nicht-dringende Themen

Wieviel Zeit steckst Du täglich in Deine E-Mails?

Im Schnitt 90 Minuten kosten E-Mails eine Bürokraft. Pro Arbeitstag! Das sind bei einem 8 Stunden Tag knapp 20 Prozent der Gesamtarbeitszeit. Auch bei Beratern macht die E-Mail-Mania keine Ausnahme. Jeden Tag prasseln Duzende elektronische Nachrichten von Kunden, Kollegen, Vorgesetzten und Mitarbeitern auf Dich ein. Grund genug, effektive Gegenmaßnahmen einzuleiten und den Arbeitsaufwand mit E-Mails spürbar zu reduzieren.

- Verwende eine einzige E-Mailbox in der alle Nachrichten zusammenlaufen. Spare Dir das Hin- und Herspringen in verschiedene Mail-Programmen.
- Deaktiviere alle Mail-Benachrichtigungsfunktionen. Diese lenken ab, unterbrechen bei der konzentrierten Arbeit.
- Arbeite mit E-Mail-Filtern. Diese sortieren eingehende Mails wie Newsletter oder CC-Mails auf Basis definierter Kriterien automatisch in ein Postfach.
- Handle nach dem ‚Inbox-Zero' Prinzip. Dazu liest bzw. beantwortest Du jede im Posteingang eintreffende E-Mail und legst diese anschließend ins Archiv. Dein Eingang zeigt Dir alle offenen Korrespondenz-Aufgaben.

- Versende E-Mails sparsam. Getreu dem Motto „Wer wenig sendet, erhält auch wenig." geizt Du mit Nachrichten und vermeidest das Einkopieren in CC.
- Arbeite E-Mails en Bloc ab, zum Beispiel 09:00 Uhr, 13:00 Uhr und 17:00 Uhr. Einmal im Schreibmodus, benötigst Du in Summe weniger Zeit.
- Beantworte Anfragen nicht sofort. Im schnelllebigen Projektgeschäft ändern sich die Präferenzen. Nach einigen Stunden ist das Thema oft nicht mehr relevant.

> **Im Wandel der Zeiten: Kommunikation.**
> **Großeltern: In Person und Bote – Eltern: Post und Telefon – Enkel: Internet und E-Mail.**
> – Willy Meurer, deutsch-kanadischer Kaufmann, Aphoristiker und Publizist

E-Mailing ist eine asynchrone Kommunikationsform bei dem keiner der Partner auf den anderen warten muss. Damit eignen sich Mails für wichtige, jedoch nicht für dringende Angelegenheiten. Daher: ist etwas wirklich wichtig und dringend, wird Dich Dein Kunde, Kollege oder Vorgesetzte anrufen oder persönlich aufsuchen. Wetten?

#51: Mitschreiben

„Weißt Du noch, was vergangenen Dienstag im Jour Fixe beschlossen wurde?“.

Mein Kollege Jannik schaut mit fragend an. „Letzten Dienstag? Das ist fast eine Woche her!“ gebe ich zurück und schiebe hinterher „Keine Ahnung. Wer war da eigentlich für die Mitschrift zuständig?“.

Jannik zuckt die Schultern: „Offenbar keiner. Das Problem ist nur, dass uns der Projektleiter um ein offizielles Protokoll bittet.“.

Die Meeting-Mitschrift – 7 Vorteile auf einen Streich

Meeting-Mitschrift? Spontan klingt das wenig sexy. Wer will schon in der Besprechung für das Protokoll verantwortlich sein? Gefühlt haben wir das alle schon 1.000-Mal gemacht. Worin liegt also der Mehrwert?

„Wer schreibt, der bleibt!“ lautet eine bekannte Redensart. Nicht umsonst. In Meeting mitzuschreiben bringt Dir eine ganze Menge Vorteile. Nachfolgend eine unvollständige Aufzählung:

1. Der **Stellenwert des Treffens** erhöht sich. Plötzlich wird das Ganze formal fixiert.
2. Du besitzt im Meeting eine **klare Rolle** mit einem konkreten Ergebnistyp.
3. Mittels Fragen bezogen auf die Mitschrift kannst Du das **Meeting steuern**.
4. Mit den angefertigten Notizen erzeugst Du eine **Wahrheit**. Deine Wahrheit.
5. Insbesondere die Nacharbeiten zwingen Dich zur **geistigen Auseinandersetzung**.
6. Du sicherst mit Deinen Notizen die **Meeting-Qualität** ab. Vorher und nachher.

7. Im Gegensatz zu den Kollegen lieferst Du ein **Resultat**, fühlst Dich zufriedener.

> **Das Gesicht ist das Protokoll des Charakters.**
> – Friedrich Wilhelm Weber, deutscher Schriftsteller, Arzt und Politiker

Idealerweise besteht Deine Mitschrift aus drei Teilen:

1. Der **Kopf** enthält die Eckdaten zur Besprechung, häufig sind das Ort, Zeit, Teilnehmer und Zweck.
2. Der **Hauptteil** listet alle diskutierten Punkte, kategorisiert in Informationen und Entscheidungen.
3. Schließlich führt der **Abschluss** alle Aufgaben auf, daher „Wer macht was bis wann?".

Vermeide in Deiner Mitschrift jegliche Art von Prosa. Fokussiere stattdessen auf die zentralen Fakten und orientiere Dich am Informationsbedarf der Zielgruppe. Formuliere die Aufgaben klar und präzise, frage notfalls direkt im Meeting nach, falls Du einem Punkt nicht folgen kannst. Sende schließlich Deine Mitschrift im Nachgang zum Treffen an die Teilnehmer mit der Bitte, um eine kurze Durchsicht. Mit der Zeit gewöhnen sich Deine Kunden und Kollegen an Deine guten Mitschriften und wollen Dich fortan im Meeting immer dabeihaben.

#52: Nachahmen

„Mit welchem Tool kann ich eine Telefonkonferenz aufsetzen? Sollen wir eine Agenda verschicken? Reichen 45 Minuten?“. Natalie ist neu beim uns im Unternehmen. Frisch von der Uni, verfügt sie über keinerlei Berufserfahrung.

Seit Montag unterstützt sie mich im Beratungsprojekt. Eigentlich ist ‚unterstützen‘ nicht das richtige Wort. Vielmehr fragt Natalie mich, bindet meine Aufmerksamkeit und verursacht Zusatzaufgaben. Ich sehe Optimierungspotential in unserem Onboarding-Prozess.

Da ich diesen kurzfristig jedoch nicht ändern kann, frage ich sie: „Natalie, kennst Du eigentlich ‚Shadowing‘? Im Kern geht es darum, durch Beobachten einer Person zu lernen.“.

Kollegen, Vorgesetzte und Kunden als Vorbild

Wenn Du Kinder hast, kennst Du das Verhalten gut: Nachahmung. Insbesondere Babys und Kleinkinder orientieren sich am Verhalten ihrer Eltern und übernehmen dieses in ihren Alltag. Nachahmung ist eine Form schnell und viel zu lernen sowie typische Fehler und Fallstricke zu umgehen.

Imitiere erfolgreiche Beratungskollegen, ihre Sprache, Verhaltensweise und Gestik sowie ihr Aussehen und Accessoires. Einige Anregungen:

- Wie stellen sich Deine Senior Kollegen einem neuen Kontakt vor? Welche Grußformeln kommen gut an?
- Auf welche Weise leitet Dein Vorgesetzte ein Meeting? Wie geht er mit Meinungsverschiedenheiten, wie mit Konflikten um?
- Worauf legen die Partner Deiner Beratung bei der Kundenakquise Wert? Was wird in den Bedarfsgesprächen angesprochen, was nicht?

- Wie geht Dein Kollege bei der Publikation eines Whitepapers vor? Auf welche Inhalte fokussiert er und warum?

Das Schöne nachahmen und etwas schön nachahmen, ist nicht dasselbe.
– Plutarch von Chäronea, griechischer Philosoph, Historiker und Konsul

Nachahmung ist nicht nur auf die Kollegen beschränkt. Achte ebenfalls darauf, welche Worte, Floskeln und Verhaltensmuster Dein Kunde benutzt. Übertrage zielführende Elemente in Deinen Consulting Alltag, teste diese und mache sie Dir zu eigen.

Nicht alle Redewendungen mit denen andere brillieren funktionieren auch automatisch bei Dir. Vielmehr geht es darum kontinuierlich offen für erfolgsversprechende Handlungsmuster anderer zu sein. Vielleicht klingt die 1:1 vom Kollegen übertragene Grußformel bei Dir hölzern. Leicht variiert, erfüllt sie beim Gegenüber jedoch ihren Zweck.

#53: Nachvollziehen

Consulting Alumni Summit. Mehrere ehemalige Mitarbeiter statten uns im Office einen Besuch ab. Bei einem Gläschen Wein und Finger-Food gibt es einiges zu plaudern. Viele der Ex-Kollegen arbeiten jetzt in der Wirtschaft. So auch Heinrich, der vor 6 Monaten zu einem Automobilhersteller wechselte.

„Du glaubst gar nicht, wie gut ihr es als Berater habt." beginnt Heinrich mit einem Seufzer unser Gespräch. „Warum?" frage ich zurück und ergänze etwas neckisch: „Ihr habt doch die Entscheidung in der Hand und könnt die Projektbudgets nach Belieben verteilen.".

Heinrich lässt meine Aussage nicht gelten und antwortet: „Wenn Du wüsstest, unter welchen Rahmenbedingungen wir Externe beauftragen..."

Die Dinge aus den Augen des Kunden nachvollziehen

Hast Du Dich schon einmal in die Situation Deines Kunden versetzt? Deine Sichtweise gewechselt? Falls nein, dann ist jetzt die perfekte Gelegenheit:

- Worin bestehen die beruflichen und privaten Ziele Deines Kunden?
- Welche davon sind offiziell vereinbart? Welche inoffiziell?
- Unter welchen Rahmenbedingungen, Regeln und Zwängen arbeitet Dein Kunde?
- Mit welchen Kollegen, Mitarbeitern und Vorgesetzten versteht sich Dein Kunde gut? Wem weicht er aus?
- Was ist ihm wichtig? Worauf legt er keinen Wert?
- Woran wird seine Leistung gemessen? Wer entscheidet über sein Weiterkommen?

Zentral sind die Probleme Deines Kunden. Für diese hat er Dich beauftragt. Wenn Du Dich in seine Lage versetzt, fällt es Dir viel einfacher seine Probleme zu erkennen und anschließend in seinem Sinne zu lösen.

Wer erfolgreich sein will, der tut gut daran Kundenorientierung ernst zu nehmen: lösen Sie ein drängendes Problem Ihres Kunden!
– Georg Jocham, österreichischer Problemlöser

Große Technologiefirmen wie Amazon, Apple oder Google sind unter anderem deswegen so erfolgreich, weil sie ihre Produkte und Services vom Kunden aus konzipieren. Für diese Hightech-Riesen steht der Nutzer immer im Vordergrund. Seine Wünsche, seine Sprache, seine Gewohnheiten, seine Ängste, seine Vorlieben, etc..

Die Sichtweise Deines Kunden einzunehmen bereitet Aufwand. Deshalb: arbeite Dich in seine Perspektive rein, Stück für Stück. Studiere seinen Werdegang außerhalb und innerhalb des Unternehmens, analysiere seine Arbeitsergebnisse und stelle Fragen. Mit der Zeit verstehst Du, was ihn antreibt. Und kannst ihn eine kundenorientierte auf seine Bedürfnisse maßgeschneiderte Beratungsleistung anbieten.

#54: Netzwerken

„589!". Stolz blickt mein Kollege Martin von seinem Bildschirm hoch. „Ich habe 589 Kontakte unter Xing. 321 in LinkedIn. Und 735 in Facebook.".

Ich bin beeindruckt. Das Kontaktnetzwerk von Martin ist riesig.

„Sind natürlich nicht alles Top-Kontakte." fährt Martin von selbst fort: „Viele von ihnen habe ich einmal auf einer Partie kennengelernt und anschließend hinzugefügt. Ist teilweise schon Jahre her.".

Eine Unternehmensberatung lebt von Kontakten

Consulting = People Business. Du berätst für Menschen, mit Menschen und an Menschen. Nutze Deine vielen sozialen Interaktionen und baue so mit der Zeit ein belastbares Netzwerk von relevanten Personen auf.

- Entwickle und pflege ab Deinem ersten Beratertag Dein berufliches Kontaktnetzwerk.
- Umgib Dich beruflich und privat mit Personen, von denen Du lernen kannst und welche Du ebenfalls weiterbringst.
- Gib mehr an Dein Netzwerk, als Du von diesem nimmst.

Mit einem Netzwerk von starken Kontakten steigt die Anzahl Deiner Entwicklungsmöglichkeiten. Ob persönliche Verbindungen zu Kollegen, Kundenunternehmen oder Wettbewerber – je größer und dichter Dein soziales Netz, desto mehr Projekt- und Berufschancen bieten sich Dir.

Beziehungen schaden nur dem, der sie nicht hat.
– Klaus Klages, deutscher Gebrauchsphilosoph und Abreißkalenderverleger

Beachte beim Netzwerken zwei goldene Regeln. Erstens ist nicht jeder Kontakt für jeden Zweck angemessen. Was bringen Dir 800 Facebook-

Freunde, die Dich als Berater nicht beauftragen können. Zweitens muss Deine Beziehung zum Kontakt ‚warm' sein. Interagiere dazu mit Deinen Kontakten, ob im Projektalltag oder nach der Arbeit. Möglichkeiten gibt es viele.

- Du leitest Buchtipps an Personen weiter von denen Du weißt, dass diese das Thema mögen.
- Die Mittagspause nutzt Du um mit Kundenkollegen gemeinsam zum Essen zu gehen.
- Jeden Mittwochabend triffst Du Dich mit einem Kollegen zum Tennisspiel.
- Einmal im Monat besuchst Du eine lokale Abendveranstaltung mit einem Fachvortag und anschließender Diskussion.

Auch ein Netzwerk kostet Zeit und Energie. Baue Dir in der Woche Mikro-Termine ein, an denen Du Dich bewusst um die Pflege Deiner Kontakte kümmerst. Gib in guten Zeiten. Und nehme in schlechten.

#55: Nutzen

Eine Beraterwoche geht zu Ende. Consultant A, nennen wir ihn Max, schickt mir am Donnerstagabend eine zusammenkopierte Mitschrift unseres gemeinsamen Kundenmeetings. Die Angaben auf Max Protokoll sind fast 1:1 identisch zu meinen ihm vorher zugesendeten Aufzeichnungen.

Consultant B – hier Moritz genannt – sendet mir ebenfalls eine Zusammenfassung eines Treffens von Beginn dieser Woche. Jedoch hat Moritz hier meine Notizen mit Hintergrunddaten ergänzt, doppelte Infos entfernt und das Ganze visuell aufbereitet.

Für welchen Consultant würde ich mich in meinem Projektteam entscheiden?

Zwischenergebnisse mit einem Mehrwert versehen

Gebe in Deiner Beraterarbeit Dingen einen Mehrwert. Das kann eine simple E-Mail sein, in der Du wichtige Passagen visuell hervorhebst. Notizen auf dem Whiteboard, die Du auf eine Folie überträgst und anschließend den Teilnehmern zur Verfügung stellst. Oder eine Aufgabenliste, in der Du einzelne Punkte konkretisiert und erledigte Tätigkeiten eliminiert hast. Die zentrale Frage lautet:

„Wie kann ich einem Zwischenergebnis aus der Sicht des Empfängers einen Mehrwert hinzufügen?“

Dein Ziel besteht darin, nicht nur als Durchlauferhitzer zu agieren, sondern stattdessen die von Dir bearbeiteten Resultate aufzuwerten. Kollegen und Kunden merken sehr genau, falls ein Ergebnis einfach nur transferiert wurde oder weiterführende Aspekte enthält. Die Konsequenz: Deine Mitarbeit wird als Zusatznutzen angesehen. Du machst Dich unverzichtbar und empfiehlst Dich für anspruchsvolle Beratungsaufgaben (und -rollen) weiter.

> **Man neigt den Baum, der Nutzen bringt.**
> – unbekannt

Mehrwert kostet Dich natürlich Zeit und Energie. Bevor Du Dich für Zusatznutzen ins Zeug legst, lohnt es sich, kurz die folgenden Fragen durchzugehen:

- Wer ist Empfänger meiner Arbeit? In welcher Situation erhält er die Ergebnisse?
- Worin bestehen die Mindestanforderungen an meine Resultate?
- Wie kann ich beim Empfänger für eine positive Überraschung sorgen?
- Wodurch kann mein Ergebnis in überschaubarer Zeit aufgewertet werden?
- Wie können mich Methoden, Schablonen und Konzepte unterstützen?

Greife in Deinem Beraterralltag bewusst Zwischenergebnisse auf und überlege, wie und an welcher Stelle Du diese aus Empfängersicht einfach und mit wenig Aufwand aufwerten kannst. Übertreffe auf diese Weise in neun von zehn Fällen die Erwartungen Deiner Kunden.

#56: Parallelisieren

Langsam komme ich durcheinander. Arbeitet der Anrufer am anderen Ende der Leitung nun für den Automatenhersteller oder den Automobilproduzenten. In jedem Fall habe ich nun eine Aufgabe mehr auf meiner ToDo-Liste. Wann soll ich diese nur einbauen? Bei drei fordernden Kundenengagements gleichzeitig.

Ich erinnere mich an einen Satz meines Ex-Kollegen Michael Kranz: „Zu viele Projekte sind des Beraters Tod.“. Eine Frage geistert durch meinen Kopf: sind drei parallele Projekte schon zu viel?

Eine Consulting Mehrkundenwoche meistern

Prinzipiell ist es nichts Schlechtes, wenn Du Deine Beratungswoche zwischen mehreren Kunden aufteilst. Beschäftigte Consultants sind begehrte Consultants, sowohl für den Kunden als auch für den Arbeitsmarkt. Parallele Engagements sorgen für inhaltliche Abwechslung, eine steile Lernkurve, ein größeres Kontaktnetzwerk sowie höhere Chancen für eine Folgebeauftragung.

Das geteilte Berater-Dasein hat jedoch auch seine Schattenseiten. Grundsätzlich steigt Deine Belastung, insbesondere dann, wenn die Projekte rein gar nichts miteinander zu tun haben. Höherer Aufwand im Job führt zu mehr Stress, zunächst beruflich, kurze Zeit später auch privat. Dazu kommt: jeder Kunde meint, dass sein Projekt das Wichtigste ist und bei Dir Vorrang genießen sollte. Was also tun?

Wer gestresst ist, macht etwas falsch.
Den amüsiert seine Arbeit nicht.
– Karl Lagerfeld, deutscher Modeschöpfer und Fotograf

Ruhe bewahren. Auch für zwei, drei und mehr parallele Engagements gibt es Taktiken.

- Trenne Aufgaben und Termine nach ihrer Dringlichkeit und Wichtigkeit. Schnell stellst Du fest, dass die wenigsten Dinge gleichzeitig dringend und wichtig sind.
- Etabliere einen festen Arbeitsrhythmus den Du an Deine Kunden kommunizierst. Zum Beispiel Montag und Dienstag für Kunde A, den Rest der Woche für Kunde B.
- Arbeite in Blöcken je Kunde und vermeide schnelle Sprünge sowohl bei Aufgaben als auch Meetings. Beispielsweise gehört der Dienstagvormittag ganz Kunde A.
- Sei präzise und verbindlich bei der Aufgaben- und Ergebnisbeschreibung. Was verlangt der Kunde, was nicht? Sind diese Ergebnisse messbar und abgestimmt?
- Suche inhaltliche und organisatorische Synergien zwischen den parallelen Projekten. Das können Konzepte, Modelle, Reiseaufenthaltsorte, etc. sein.

In jedem Projekt gibt es Spitzen. Stellt sich heraus, dass Dein Arbeitspensum nach mehreren Wochen weiterhin konstant bei 150 Prozent liegt, ist es an der Zeit bei Kollegen und Vorgesetzten Unterstützung einzufordern. Natürlich nicht ohne einen konkreten Vorschlag im Gepäck.

#57: Positionieren

Spätherbst 2014. Ich bin für ein gemeinsames Kennenlerntreffen bei einem Anlagenbauer in Karlsfeld eingeladen. Grund ist eine Empfehlung meines früheren Kunden. Pünktlich zur vereinbarten Zeit empfängt mich der Abteilungsleiter IT-Infrastruktur Uwe Schüller. In wenigen Minuten erklärt er mir die Situation. Alle eingesetzten Großrechner sollen konsolidiert und in ein zentrales Rechenzentrum überführt werden.

Zwar bin ich Informatiker, jedoch sind Infrastrukturen und Netzwerke nicht mein Spezialgebiet. Auch in Puncto Großrechner habe ich nur begrenzte Expertise. Herr Schüller scheint mein Zögern nicht zu bemerken. Voller Tatendrang berichtet er von der Dringlichkeit und Wichtigkeit des bevorstehenden Projektes. Ich aber werde das Gefühl nicht los, dass ich der falsche Mann für seinen Job bin.

Eine klare Positionierung hilft dem Kunden und Dir

Hast Du schon einmal Deinen Friseur gefragt, ob er das Öl Deines Autos wechseln kann?

Klingt albern? Vielleicht.

Im Consulting erlebst Du jedoch regelmäßig Situationen in denen Personen in Dingen beraten, mit denen sie bisher selbst keinerlei Erfahrung gemacht haben.

Menschen besitzen Berufe. Professionen in denen sie jahrelang Erfahrung und Wissen gesammelt haben, Jobs in denen sie persönlich aufgehen. Genauso wie Friseure in der Regel nicht gut darin sind Autos zu reparieren, beraten Consultants schlecht in Themen von denen Sie keine Ahnung haben.

Bereits die Jäger & Sammler verfolgten das Prinzip der Arbeitsteilung und Spezialisierung. Als Berater kannst und musst Du nicht in jedem Fachgebiet brillieren. Es reicht, wenn Du zwei bis drei Disziplinen für ein bis zwei Branchen hast, in denen Du fachlich und/oder methodisch richtig gut bist. Diese Professionalisierung gibst Du Kunden, Kollegen und Partner offen zu verstehen. Du stehst für eine Rolle, ein Thema, eine Branche, eine Kompetenz.

Denn nichts ist schwerer und nichts erfordert mehr Charakter, als sich in offenem Gegensatz zu seiner Zeit zu befinden und laut zu sagen: Nein.
– Kurt Tucholsky, deutscher Schriftsteller

Im oberen Beispiel sollte ich dem Kunden klar kommunizieren, dass ich nicht der richtige Berater für IT-Infrastrukturen bin. Somit zeige ich meine Professionalität, signalisiere „Ich mache nicht alles für jeden jederzeit.“. Statt den Kunden dann allein mit seinem Problem stehen zu lassen, biete ich Hilfe an. Im besten Fall ist das ein geeigneter Beraterkollege, im schlechtesten Fall die Ansage, dass ich mich nach einer kompetenten Kraft für ihn umschaue.

#58: Präsentieren

Nicht noch ein langweiliger Vortrag. Im Reflex zücke mein Smartphone und checke die E-Mails. Eigentlich hatte ich gehofft, dass diese Konferenz spannend werden würde. Zumindest der Titel „Consulting in digitalen Zeiten" hatte das suggeriert.

Jetzt sitze ich hier und warte bis es endlich in die Pause geht. Irgendwie will kein Funke überspringen. Bei keinem der Redner, was vielleicht daran liegt da diese im richtigen Leben alle Berater sind. Dabei gibt es so viele spannende Themen, so abwechslungsreiche Präsentationstechniken...

Präsentieren gehört im Consulting zum Standard

Präsentieren?!

Als Berater bieten sich Dir dazu zahlreiche Gelegenheiten: Angebotsvorstellungen, Fachvorträge, Trainings, Projektbesprechungen, Entscheider-Meetings, etc.. Bücher zum stillvollen und wirkungsvollen präsentieren gibt es wie Sand am Meer. Die einen legen Wert auf Folien-Design, andere heben Körpersprache hervor, wieder andere fokussieren auf das Story-Telling. Nachfolgend kurz und kompakt die wichtigsten Tipps für Consultants.

Vor der Präsentation
Wer hört Deine Präsentation? Warum? Anders gefragt: Warum sollte jemand bei Deiner Präsentation dabei sein? Überlege Dir, wer Deine Zielgruppe ist und worin deren Wissensbedarf besteht. Packe ein bis drei Kernbotschaften in Deine Folien und stelle sicher, dass die Technik reibungsfrei funktioniert. Probe Deinen Vortrag, am besten mit Kollegen oder guten Freunden.

Eine gute Rede ist eine Ansprache, die das Thema erschöpft, aber keineswegs die Zuhörer.
– Winston Leonard Spencer-Churchill, britischer Staatsmann

Während der Präsentation
PowerPoint Folien sind keine Präsentation. Die Gesamtleistung, also Deine Körpersprache, Stimme und in Unterstützung die Folien machen den Beitrag aus. Eine Slide transportiert genau einen Gedanken und enthält so wenig Text wie möglich. Sorge für einen fulminanten Start, einen unterhaltsamen Mittelteil und ein rasches Ende. Wie bei einer Flugreise.

Nach der Präsentation
Erlaube Verständnisfragen während Deinen Ausführungen, Diskussionsfragen jedoch im Anschluss zur Präsentation. Bitte im Vorfeld einen Kollegen zwei bis drei Eisbrecherfragen zu stellen und sorge so für einen Diskussionsfluss. Hinterlasse für weiterführende Gespräche Deine Kontaktdaten und sende den Teilnehmer den Foliensatz mit einer Dankesnachricht.

Gutes Präsentieren ist ein Handwerk. Rhetorik-Seminare, Theatergruppen und Präsentationstrainings verleihen Dir das notwendige Rüstzeug. Vorträge, Speakings, Reden und Referate die erforderliche Übung.

#59: Preisgeben

Endlich Wochenende. Nach einer langen Woche bin ich in einem großen Elektronik Fachladen unterwegs. Eigentlich suche ich nichts Bestimmtes. Auf dem Weg zu den TV Regalen bemerke ich einen Teenager der intensiv ein Tablet testet. Ich spiele ebenfalls mit dem Gedanken mir ein neues Berater-Gadget zuzulegen. Daher bleibe ich stehen und beobachtest wie der Teen das Gerät enthusiastisch ausprobiert.

Der wird gleich kaufen, wette ich mit mir selbst…

Plötzlich zückt der Jugendliche sein Handy und scannt den auf der Packung abgebildeten Strichcode. Nach einigem Tippen auf dem Handy legt er das Tablet zur Seite und geht.

Bei der Akquise nur das ‚Warum' und ‚Was' preisgeben

Im stationären Handel ist es längst Gang und Gebe: das Showrooming. Interessenten testen die Ware im Laden auf Herz und Nieren, bestellen diese dann schließlich online. Natürlich zu einem geringeren Preis. Oder mit Zusatzleistungen, wie einer verlängerten Garantie, einem schicken Lederetui oder einer kostenfreien Zusatzversicherung.

Auch als Berater bist Du vor dem Showrooming nicht gefeit. Nur, dass es sich hier um Dein Wissen handelt. Potentielle Neukunden lassen sich von Dir, Deinen Ideen und Konzepten inspirieren und aufschlauen. Nachdem sie genügend Wissen abgezogen haben, erledigen sie die Aufgabe selbst. Oder engagieren eine alternative Consultant Truppe. Natürlich unter Berücksichtigung Deiner Anregungen und Ratschläge.

Es gibt Situationen, in denen man ein Geheimnis halb preisgeben muß, um den Rest zu bewahren.

– Philip Stanhope, 4th Earl of Chesterfield, britischer Politiker und Schriftsteller

Dabei gibt es typische Alarmzeichen für das Showrooming im Beratungsgeschäft. Der potentielle Kunde…

- bittet Dich um das vorgestellte Material.
- fragt Dich nach empfehlenswerten Büchern und Trainings.
- stellt im Termin viele Fragen zum Vorgehen, Fallstricke und Erfolgsfaktoren.
- lädt zu Euren Treffen weitere Mitarbeiter ein, die eifrig mitschreiben.
- organisiert Zusatztermine um Eure Zusammenarbeit „zu vertiefen".

Wehre Showroomer Kunden ab, indem Du in Deinen Gesprächen und Folien auf das ‚Warum' und ‚Was', nicht jedoch auf das ‚Wie' eingehst. Verweise den Interessenten auf Standardliteratur und allgemein bekannte Quellen.

Schließlich kannst Du das Verhalten beim Kunden offen ansprechen und zu verstehen geben, dass ein weiterer Austausch erst nach Klärung der Art der Zusammenarbeit erfolgt. Keiner hat etwas zu verschenken. Weder der Handel noch die Branche der Unternehmensberater.

#60: Priorisieren

„Sorry, keine Zeit.“. „Ich bin momentan absolut dicht.“. „Gerne nächsten Dienstag. Diese Woche brennt die Hütte.“. Es gibt (fast) unendlich viele Phrasen, um Zeitnot auszudrücken. Nur welche wähle ich für das Treffen mit meinem Chef in fünf Minuten?

Ich sitze im Meeting-Raum, bereit für das anstehende Mitarbeitergespräch. Von meiner Kollegin Fränze weiß ich, dass mein Vorgesetzter einen Anschlag auf mich plant. Für das letzte Projekt soll eine Case Study verfasst und anschließend auf unsere Webseite publiziert werden. Mein Problem: ich jongliere aktuell bereits mit drei Kundenprojekten. Wie soll ich da die zusätzliche Zeit für einen Artikel aufbringen?

Zeit ist eine Priorität, keine Ressource

Neben Kunden und Reputation ist sie in der Beratung Dein kostbarstes Gut: Deine Zeit. Mit Zeit stemmst Du Projekte, betreibst Marketing & Vertrieb, entwickelst Dich weiter. Hüte Deine Zeit wie eine Wölfin ihre Jungen. Verteidige sie gegen die typischen Zeitfallen im Consulting.

- Statt der veranschlagten 60 Minuten, benötigt das Meeting über 2 Stunden. Den verbleibenden Arbeitstag hechelst Du der verlorenen Stunde hinterher.
- Spontan meldet sich ein Kollege auf Dein Telefon. Er benötigt dringend Detailinfos zum ‚Agilen Projektmanagement‘ für seinen Workshop morgen.
- Ständig schlagen E-Mails in Deinem Postfach auf, die als ‚wichtig‘ markiert sind und deren Sender eine Beantwortung innerhalb von 2 Stunden erwartet.
- Seit Wochen bindet eine Marketingstudie Deine Freitagnachmittage. Bereits zum zweiten Mal hat sich der Fokus und die Zielgruppe der Studie gedreht.

Es gibt Diebe, die nicht bestraft werden und einem doch das Kostbarste stehlen: die Zeit.
– Napoleon Bonaparte, französischer General, Diktator und Kaiser

Gebe Deinem Umfeld den Stellenwert von Zeit zu verstehen. Ein paar Anregungen:

- **Verlasse ein Meeting pünktlich** zum ursprünglich vereinbarten Ende. Du hast direkt im Anschluss einen Folgetermin, zur Not mit Dir selbst.
- **Begrenze Deine Arbeitszeit** für einzelne Aufgaben. Reichen für die Marketingstudie nur zwei Stunden, statt der geplanten vier?
- Absolviere Meetings, Telefontermine, Workshops, etc. nur mit **klaren Zielen und Ergebnissen**. Was soll in der Arbeitszeit entstehen?
- **Reduziere unproduktive Zeitfresser**, die weder dem Kunden, dem Chef noch Dir etwas bringen. Was ist mit Pendelwegen, Schlangestehen, unproduktive Meetings?

Es geht nicht um das Sparen von Zeit, sondern um ihren optimalen Einsatz. Für Deinen Auftraggeber ist Deine eingebrachte Zeit oft unerheblich. Viel entscheidender für ihn sind Deine Arbeitsergebnisse und ihr Mehrwert.

#61: Problemlösen

Seit gestern Abend habe ich ein Problem. Die E-Mail-App meines Smartphones funktioniert nicht mehr. Ich kann weder Nachrichten abrufen noch senden. Glücklicherweise funktioniert das Telefonnieren noch, daher rufe ich den IT Helpdesk an.

Am anderen Ende der Leitung meldet sich Herr Özam. Ich schildere dem Experten mein Problem und weise drauf hin, dass ich dringend einen E-Mailzugang brauche. Herr Özam bestätigt und fragt mich, ob ich etwas an den Einstellungen geändert habe. Anschließend möchte er wissen, ob ich mein Passwort vor kurzem neu vergeben habe. Beide Fragen vereine ich, etwas ungehalten, da ich immer noch kein funktionierendes Mailing habe.

Meine miese Laune bringt Herr Özam nicht aus dem Konzept. Er bittet mich, meine SSL Verschlüsselungseinstellungen zu prüfen. Und siehe da, hier gibt es eine Abweichung...

Eine Hauptaufgabe von Beratern ist Problemlösen

Unternehmensberater sind Problemlöser. Du bist Berater, also löst Du Probleme. Offen, aktiv, neugierig, kritisch und faktenorientiert.

Das Problem beim Problemlösen: meist ist das Problem nur ein Symptom und nicht die tatsächliche Ursache. Im oberen Beispiel war die defekte E-Mail-App mein Problem. Die Ursache war jedoch die falsche Verschlüsselungseinstellung. Durch strukturiertes Fragen hat der IT Helpdesk diese Ursache identifiziert. Der Lösungsweg bestand in der Anpassung der Einstellung, die Konsequenzen in einer funktionierenden E-Mail-App.

Meist liegen die Ursachen für ein Problem innerhalb der Mauern des Kundenunternehmens. Als Consultant unterstützt Du den Kunden diese internen Ursachen zu finden, verschiedene Lösungswege auszuarbeiten, diese zu bewerten und den gewählten Weg umzusetzen.

Das eigentliche Problem eines Unternehmens stellt selten der Markt, sondern der Unternehmer dar.
– Malte W. Wilkes, deutscher Unternehmensberater

Nicht alle Lösungswege sind gleich. Ihre Umsetzung und Konsequenzen unterscheiden sich. Beispielsweise hätte ich ebenfalls mein Smartphone auf die Werkseinstellung zurücksetzen oder alternativ gegen ein neues Gerät tauschen können. Beide Wege sind ungleich aufwendiger und teurer, lösen jedoch ebenfalls mein E-Mail Problem.

Analogiemethode, Issue Tree, Divide and Conquer, 5-Why Methode, etc. sind erprobte Ansätze um Probleme zu analysieren und anschließend zu lösen. Packe Dir diese Tools in Deinen Consulting Methodenkoffer. Sie geben Dir Struktur und ein System, um das zu tun wofür Du als Unternehmensberater stehst: dem Problemlösen.

#62: Produzieren

„Was haben diese Externen die gesamte Zeit über bloß gemacht?". Aufgebracht wirft Frau Kütz – interne Projektleiterin des Kunden – den Flipchart Stift auf den Tisch. „Ihr Auftrag lag ganz klar darin, die Prozesslandschaft zu analysieren. Was kann denn dabei so schwer sein?".

Für Frau Kütz bin ich zwar ein Externer, um mich geht es bei diesem Monolog aber nicht. Stattdessen meint die Projektleiterin zwei Analyse-Berater die – teuer eingekauft – die Geschäftsprozesse untersuchen sollten. Bereit zu helfen und meine Sicht auf die Dinge zu teilen bitte ich Frau Kütz um ihre Aufmerksamkeit.

Von Anbeginn ergebnisorientiert arbeiten

Vielleicht kennst Du das Phänomen der ‚Paralyse durch Analyse': ein Sachverhalt wird umfangreich und minutiös unter die Lupe genommen. Jeder Aspekt wird bis ins kleinste Detail beleuchtet. Viel Zeit, Geld und Kraft wird verbraucht, um die perfekte Antwort zu finden.

Jedoch bleibt der effektive Nutzen der teuer zu Tage geförderten Fakten weit unter den Erwartungen zurück. Du, Deine Kollegen und der Kunde sind vom Ergebnis enttäuscht.

In Deinen Beratungsprojekten analysierst Du regelmäßig auf verschiedenen Ebenen in unterschiedlicher Detailtiefe. Mal geht es um die Kostenverteilungen auf die verschiedenen Kundensegmente, dann wieder um die Geschäftsprozesse und die entsprechende Systemunterstützung. Einmal recherchierst Du ausschließlich in Textdokumenten und Tabellenunterlagen, ein anderes Mal dienen Dir Interviews mit diversen Personengruppen als Analysegrundlage.

Essentiell ist hierbei, dass Du von Beginn an ergebnisorientiert vorgehst.

Der Unterschied von ‚A > B‘ Denke vs. ‚B > A‘ Denke ist entscheidend. Verhindert, dass man sich in Methoden verliert, Pläne braucht um mehr (Schein-)Sicherheit zu haben.
– Matthias Kolbusa, deutscher Denker, Redner und Unternehmer

Definiere direkt am Start das ‚Wozu‘ und ‚Was‘ Deiner Arbeit. Dein Fokus liegt auf den Resultaten, den Erkenntnissen und dem Erfolg. Drei Fragen helfen:

1. **Empfänger** – Wer braucht die gewonnenen Informationen für welche Aufgaben?
2. **Bedarf** – Welche Informationsbedarfe besitzen diese Akteure?
3. **Quellen** – Was sind die zu berücksichtigenden Informationsträger?

Mit den Antworten führst Du Deine Analyse durch. Nach jeder Arbeitseinheit verfügst Du über ein lieferfähiges (Zwischen-)Ergebnis. Das sind entweder vollständige Antworten, Teilantworten oder noch vage Antworten auf die Analysefragen. Mit jeder zusätzlichen Analysestunde reifen Deine Erkenntnisse, kommen neue hinzu bzw. werden alte verworfen. Einfach produktiv!

#63: Publizieren

„Kannst Du das bitte einmal gegenlesen?“. Mein Kollege Pierre schaut mich erwartungsvoll an und schiebt direkt nach: „Das dauert sicherlich nicht mehr als 10 bis 15 Minuten. Bis Freitag reicht auch.“.

Ich werfe einen Blick auf das Papier. Offensichtlich handelt es sich um einen Fachartikel für ein deutsches Branchenmagazin. Der Titel liest sich spannend ‚Die Automotive Industrie in Zeiten der Disruption – Methoden, Konzepte und Vorgehensmodelle‘. Ich durchblättere kurz die Unterlage, entdecke Begriffe wie OEM Lieferantennetzwerke, KFZ-Absatzprognosen und digitale Fahrzeugdienste.

Etwas irritiert über die Themenvielfalt wende ich mich an Pierre: „Um was geht es in Deinen Fachartikel im Kern?“

Fokus auf eine Kernbotschaft

Im Consulting sind Publikationen kein Selbstzweck. Als Berater möchtest Du mit einem Fachartikel Deine Kompetenz unterstreichen, Aufmerksamkeit für Deine Leistung erzeugen, ein Vertrauensverhältnis zum Leser aufbauen sowie Interessenten zu einer Handlung bewegen.

Dabei hat ein guter Fachartikel immer genau eine Botschaft. Deshalb: Überlege Dir zuerst, was Du sagen willst. Formulieren Deine Aussage kompakt in ein bis drei Sätzen. Bringe diese Aussage gut sichtbar an Deinem Arbeitsplatz an – und orientiere Dich daran beim Schreiben.

> **Ein Fachartikel hat genau eine Botschaft.**
> **Keine zwei, drei oder vier.**
> – Christian Deutsch, deutscher Journalist für Berater

Im oberen Beispiel hat Pierre den Umfang seiner Publikation viel zu groß gewählt. Es bleibt unklar, welchen Mehrwert der Leser erhält, wenn er sich auf die Lektüre einlässt und seine Zeit investiert. Mache es besser und überlege Dir vor dem Schreiben eines Fachartikels folgende Punkte:

- Wer ist die Zielgruppe des Fachartikels?
- Warum sollte diese den Artikel lesen?
- Welche eine Botschaft soll der Leser mitnehmen?
- Was sollte der Leser im besten Fall nach Lektüre tun?

Beispielsweise könnte Pierre einen Fachartikel ausarbeiten, der sich im Automotive speziell an die Geschäftsführer der Zulieferindustrie richtet. Er thematisiert den Transformationsprozess verbunden mit der Botschaft: „Elektromobilität und autonomes Fahren werden auch die Zulieferbranche radikal verändern.“.

Als Handlungsaufforderung lädt Pierre am Ende des Artikels zu einem „Hands on“-Webinar im folgenden September ein. Darin lernt ein Teilnehmer konkrete Schritte kennen, um sich auf die Neuordnung der Zulieferbranche einzustellen. Zudem erhält er die Möglichkeit, sich mit Kollegen auszutauschen.

#64: Qualifizieren

Der Anruf erreicht mich aus heiterem Himmel. Donnerstagmorgen, 22. Dezember. Nach einem stressigen Monat habe ich mich an den letzten beiden Arbeitstagen in diesem Jahr eigentlich auf einen ruhigen Ausklang eingestellt. Nun ruft mich ein Abteilungsleiter eines mittelständischen Anlagenbauers an, der über einen Blogbeitrag auf mich und mein Beratungsunternehmen aufmerksam geworden ist. Sein Problem: dringend und wichtig. Das verfügbare Budget: im sechsstelligen Bereich.

Wir vereinbaren ein Austauschtreffen gleich am nächsten Morgen. Ziel des Termins ist die gemeinsame Bedarfsanalyse. Ohne zu zögern mache ich mich an die Vorbereitungen.

Die drei wichtigsten Fragen in der Bedarfsanalyse

Glückwunsch! Ein möglicher Klient hat Interesse an Deiner Beratungsleistung. Die Bedarfsanalyse versetzt Dich nun in die Lage, seine Probleme und Wünsche genauer zu verstehen, erste Lösungsszenarien zu skizzieren sowie eine persönliche Beziehung aufzubauen. Mit dem gemeinsamen Treffen möchtest Du dem Kunden zwei zentrale Dinge signalisieren:

- **Einsicht** – ich habe Dein Problem verstanden!
- **Orientierung** – ich kann Dir bei der Lösung helfen!

Es ist ein bisschen wie beim Flirten an einer Disko- oder Hotelbar: Du qualifizierst den potentiellen Klienten, seine Wünsche und Träume. Andersherum schätzt der Kunde ein, inwieweit Du geeignet bist, ihm in seinen Themen zu helfen. Nur handelt es sich natürlich nicht um einen romantischen, sondern um einen ‚Business Flirt'.

Wenn du etwas träumen kannst,
dann kannst du es auch verwirklichen.
– Walt Disney, US-amerikanischer Filmproduzent

Qualifiziere in Deinem Gespräch den potentiellen Kunden anhand von drei zentralen Fragen:

1. **Why change?** – Wieso möchte der Kunde seine aktuelle Situation verändern?
2. **Why now?** – Weshalb will er diese Änderung gerade jetzt in Angriff nehmen?
3. **Why we?** – Warum bindet er gerade uns in dieses Vorhaben ein?

Am Ende Deiner Bedarfsanalyse, solltest Du auf alle drei Fragen eine Antwort haben. Sie helfen Dir, den Kunden und sein Beauftragungspotential einzuordnen und die richtigen Folgeschritte zu planen. Mit jedem Gespräch verfeinerst Du Dein Gespür, welcher Kunde tatsächlich beabsichtigt, Dich für sein Projekt zu engagieren.

Im oberen Fall beauftragte mich der Kunde für ein Vorprojekt. Vom Umfang umfasste dieses zwei Wochen die uns beiden die Gelegenheit gab, die Zusammenarbeit anzutesten.

#65: Rahmen

Mittwochmorgen 08:30 Uhr. Das wöchentliche Projekt-Meeting steht bevor. Fünf Teilprojektleiter, der Gesamtprojektleiter Dr. Hans Haller sowie und ich als externer Berater sitzen im Konferenzraum. Die Stimmung ist gereizt, wir liegen hinter dem Zeitplan.

Meine Aufgabe ist es, dass Protokoll anzufertigen. Dr. Haller beginnt die 60-Minütige Sitzung. Gleich zu Beginn spricht er die verschiedenen Problemfelder an. Er springt dabei von Teilprojekt zu Teilprojekt, diskutiert ein Detailproblem an und lässt es nach wenigen Minuten wieder fallen. Zehn Minuten hält er praktisch einen Monolog. Schon nach kurzer Zeit hat das vor ihm sitzende Team den roten Faden verloren.

Meetings einen Ordnungsrahmen geben

Menschen mögen Strukturen. Einen verbindlichen Rahmen, an denen sie sich orientieren und mental entlanghangeln können. Eine eingehende Formation, welche Sicherheit gibt und Klarheit vermittelt.

Diesen Bedarf kannst Du in Deiner Beratungsarbeit aufgreifen. Stelle dazu in den Interaktionen mit Deinen Kunden, Vorgesetzten und Kollegen einen eingängigen Ordnungsrahmen zur Verfügung.

Ein paar Praxisbeispiele:

- Im **Bewerbungsgespräch** löst Du eine Case Study mit Hilfe eines Frameworks, einem bekannten Referenzmodell für den vorliegenden Problemtyp.
- Für **Meetings** schlägst Du eine Agenda mit den Diskussionspunkten und Verantwortlichen sowie die maximale Bearbeitungszeit vor.
- Bei **Vorträgen** lieferst Du dem Publikum einen visuellen Bezugsrahmen, am besten in Form eines einprägsamen Schaubilds.

- Das wöchentliche von Dir verantwortete Statustreffen gestaltest Du immer nach dem Muster 1. Ergebnisse, 2. Nächste Schritte und 3. Aktuelle Hindernisse.

Wer immer im Bilde ist, fällt nicht so leicht aus dem Rahmen.
– Hans Clarin, deutscher Schauspieler und Synchronsprecher

Dank des Rahmens wissen Deine Gesprächspartner bereits zu Beginn, welche Punkte sie erwarten. Speziell in Diskussionen mit Entscheidern und Projektleitern ist das praktisch. Denn diese haben nun die Möglichkeit, das Gespräch ab dem Start aktiv zu lenken.

Im obigen Beispiel könnte Herr Dr. Haller die fünf Teilprojekte als Ordnungsrahmen aufgreifen. Jeder Leiter gibt innerhalb zwei Minuten einen Überblick, in weiteren acht Minuten werden einzelne Themen diskutiert. Benötigt ein Aspekt länger, wird er auf ein bilaterales Zusatztreffen verschoben. Herrn Haller bleiben von der Arbeitsstunde somit noch zehn Minuten, die er nutzen kann, um übergreifende Aufgaben zu besprechen.

#66: Reflektieren

32. Stock im Hochhaus eines Frankfurter Bankgebäudes. Als ich den Fahrstuhl verlasse, prangt vor mir ein Poster. Ein einziges Wort steht in roten Lettern auf dem Papier: Agil.

Offenbar ist das Paradigma nun auch auf den Managementetagen und bei den Vorständen angekommen. Bis vor 10 Jahren kannte ich das Prinzip nur aus der Softwareentwicklung. Inzwischen spricht jede Führungskraft davon, ihre Projekte oder Abteilung agil zu leiten.

Was im Rausch der Geschwindigkeit häufig vergessen wird: ein wesentlicher Bestandteil von Agilität ist die Reflexion. Eine Phase, um bewusst über das tägliche Tun nachzudenken.

Reflektieren ist Teil der Beratungsarbeit

Als Unternehmensberater zählt sie zu einer Deiner wichtigsten Geheimwaffen: die Selbstreflexion. Das Nachdenken über die erledigten Aufgaben, die gesammelten Erfahrungen, das erhaltene Feedback. Aber auch das Sinnieren, was nicht so gut verlaufen ist, wo es zu Schwierigkeiten kam und was in Zukunft besser gemacht werden sollte. Regelmäßiges Reflektieren unterstützt Dich dabei,

- erlebte Situationen zu verstehen und nachzuvollziehen,
- aus vergangenen Fehlern zu lernen sowie
- Dich selbst besser kennenzulernen.

Statt Hals über Kopf zum nächsten Ereignis zu hasten, hältst Du inne. Im Moment der Ruhe machst Du Dir bewusst, welche der erlebten Handlungsmuster Du für später behältst bzw. zukünftig besser vermeidest.

Überlegen macht überlegen.
– deutsches Sprichwort

Keine Frage: das Nachdenken in eigener Sache kostet Dich Zeit. Jedoch lassen sich auch in Deinem eng getakteten Beratertag kleine Reflexionspausen einbauen.

- Die letzten 500 Meter zum Office bzw. Hotel gehst Du zu Fuß und sinnierst über den bevorstehenden bzw. abgelaufenen Arbeitstag.
- Statt es Dir mit Laptop und Kaffee in der Flughafen-Lounge bequem zu machen, wanderst Du mit Deinem kleinen Rollkoffer gedankenversunken am Gate entlang.
- Beim Jogging gibst Du diesen Abend einmal nicht Vollgas, sondern überlegst parallel, was an diesem Tag gut verlaufen ist und was nicht.

Speziell nach wichtigen Ereignissen wie beispielsweise einer Angebotsverhandlung, einem Mitarbeitergespräch oder einer Abschlusspräsentation lohnt es sich, eine kleine Reflexionsrunde einzulegen. Überlege dann, welche Kernerkenntnisse Du aus dem Geschehen herausziehen und für später wiederverwenden kannst. Eine zeitliche Investition, die sich rasch auszahlt.

#67: Reisen

Montagmorgen 04:45 Uhr. Ich sitze im Taxi auf den Weg zum Münchner Hauptbahnhof. 05:20 Uhr geht von hier mein Zug. Rund 4 Stunden später treffe ich in Hannover beim Kunden ein.

Das sei seine letzte Fahrt, berichtet mir der Taxifahrer redselig. „Der hat es gut.“ fährt es mir durch den Kopf. „Mein Arbeitstag ist nicht vor 18:00 Uhr zu Ende. Anschließend zum Hotel, mit der Familie telefonieren, etwas Sport, Abendessen. Fertig.“.

Ich treffe am Hauptbahn ein und mache mich auf zum Bahnsteig. Noch keine 10 Meter gelaufen, höre ich wie sich die Bahnansage per Computerstimme meldet: „ICE 634/784 verspätet sich um 30 Minuten. Der Grund sind Störungen im Betriebsablauf.“

Dienstreisen sind keine Erholungsreisen

Zu Beginn übt sie für viele Juniorberater einen Zauber aus: die Dienstreise. Kunden an bisher unbekannten Orten unterstützen. Die Welt sehen. International rumkommen.

Spätestens nach den ersten Reisen wird Dir jedoch klar: Business Trips haben nichts mit Magie zu tun. Reisen ist Arbeit.

- Reisevorbereitung, -umsetzung und -nachbereitung verursachen Aufwand, der von Kunde und Arbeitgeber häufig als Selbstverständlich betrachtet wird.
- Selten siehst Du am Projektort mehr als die Kundenbüros und Dein Hotel.
- Reisen strengt an. Speziell bei Zwischenfällen wie Verspätungen, Ausfällen oder Umleitungen. Die verlorene (Lebens-)Zeit gibt Dir keiner zurück.

Nur aufs Ziel zu sehen verdirbt die Lust am Reisen.
– Friedrich Rückert, deutscher Schriftsteller

Vieler Beratungen entsenden ihre Mitarbeiter zu ihren Kunden. Das ist ihr Geschäftsmodell, dafür werden sie bezahlt. Reduziere Deine Reisestrapazen und nutze die Zeit auf Achse:

- Nicht immer ist eine Dienstreise unbedingt notwendig. Viele Aufgaben kannst Du auch per Videokonferenz, Telefon und E-Mail erledigen.
- Reisezeit = Arbeitszeit. Schaffe während Deiner Zeit unterwegs so viele Aufgaben wie möglich weg.
- Meide das Umsteigen. Je öfter Du das Transportmittel wechselst, je höher die Gefahr das ein ‚Glied in Deiner Reisekette' verspätet ist oder ganz ausfällt.
- Entwickle Routine. Wähle bei längerfristigen Kundenengagements immer die gleichen Reiseverbindungen. Das schafft Platz im Kopf für die wesentlichen Dinge.
- Leichtes (Hand-)gepäck beschleunigt die Check-ins und das Tragen.

Zur Berufsgruppe mit den höchsten Pendlerzeiten gehören in Deutschland Berater und Bundeswehrsoldaten. Mache das Beste aus Deinen Geschäftsreisen und gestalte Dir die Aspekte angenehm, auf die Du einen Einfluss ausübst.

#68: Scheitern

„Warum mache ich das Ganze eigentlich?“. Ich blicke auf meinen Mail-Posteingang. Gerade eben ist dort eine Nachricht eingetroffen. Nicht irgendeine Projektmeldung. Nein, es geht um die Absage für ein 450.000 Euro Beratungsprojekt. Der Kunde – so die E-Mail – hat sich anders entschieden. Er dankt für die Gespräche und freut sich über eine zukünftige Zusammenarbeit.

Zehn meiner Arbeitstage stecken in dem Angebot. 80 Lebensstunden. Etliche Telefonate mit Kundenmitarbeitern und Kollegen. Zwei Bedarfsgespräche und eine Abschlusspräsentation. Für was? Das erzeugte Papier ist nun wertlos. Auch meine investierte Zeit erhalte ich nie zurück.

Hinfallen – Aufstehen – Weitermachen

Bist Du schon einmal in Deiner Beraterkarriere gescheitert? So richtig auf die Nase gefallen? In meiner Consulting Laufbahn habe ich öfters Niederlagen einstecken müssen:

- Die Bewerbung bei einer US-Amerikanischen Consulting Firma schlug auf den letzten Metern fehl.
- Ein sicher geglaubter Kunde sprang kurz vor Angebotsunterzeichnung ab.
- Eine hochqualifizierte potentielle Mitarbeiterin zog trotz mündlicher Zusage ihre Bewerbung in letzter Minute zurück.
- Die aufwendig organisierte Inhouse Fachveranstaltung zum Thema ‚IT Carve-out‘ stieß nur auf geringe Resonanz.

Vielleicht führst Du wie ich ebenfalls eine kleine ‚Niederlagen-Liste‘. Eine Übersicht mit Deinen gravierendsten Rückschlägen. Direkt in der Situation schmerzt das Scheitern. All die vielen aufgebrachte Stunden scheinen zunächst umsonst.

Mittel- bis langfristig sind solche Augenblicke der Niederlage jedoch Gold wert. Zurück zu meinen Beispielen:

- Die Bewerbung bei einer mittelständischen Unternehmensberatung klappte. Bei einer großen Beratung möchte ich seitdem nicht mehr arbeiten.
- Der Kunde sprach uns 6 Monate später wieder an. Gemeinsam initiierten wir ein spannendes Beratungsprojekt im Umfeld der Produktionsprozesse.
- Nach einer Absolventenmesse konnten wir drei leistungswillige Top-Mitarbeiter für unser Unternehmen gewinnen.
- Gerne verweise ich bei Gesprächen mit möglichen Klienten auf die Erkenntnisse der organisierten IT Carve-out Fachveranstaltung.

Ever tried. Ever failed. No matter.
Try Again. Fail again. Fail better.
– Samuel Beckett, irrischer Schriftsteller

Der erste Schritt zurück auf die Erfolgsspur besteht im Eingeständnis des Misserfolgs. Gib Dir in diesem Augenblick Zeit und reflektiere, welche Faktoren zu der Niederlage geführt haben. Anschließend überdenkst Du Deine Optionen, holst Dir dazu am besten Rat von vertrauten Kollegen und Freunden ein. Setze anschließend Deine Ziele neu. Los geht's in die nächste Runde.

#69: Scopen

„Es darf doch nicht wahr sein!“ wütend schaut mich mein Kollege Frank über den Rand seiner dunklen Brille an. „Ständig öffnet sich im Projekt eine neue Baustelle. An der Zeit und den Ressourcen ändert sich aber nichts.“.

Wir sitzen im kleinen Besprechungsraum bei uns im Office. Jeden Freitagmittag tauschen wir uns für 30 Minuten zu unseren Kundenprojekten aus, besprechen was gut verläuft und wo es hakt.

„Wie soll man da performen, wenn sich permanent die Aufgaben ändern?“ fährt Frank wirsch fort. „Darf ich fragen, wie Du mit solchen Komplikationen umgehst?“

Definieren was drinnen und was draußen ist

Ob es sich um ein Angebot handelt, ein Kundenprojekt oder eine einzelne Aufgabe: Consulting ist Scoping. Das heißt Du legst fest, welche Elemente für die Problemlösung von Dir berücksichtigt werden müssen und welche nicht. Konkret:

- Welche (messbaren) Ergebnisse sind von mir für wen zu erbringen?
- Welchen Bereich (Geschäftsprozesse, Abteilungen, Standorte, etc.) muss ich beackern?
- Was kann ich bewusst ignorieren?
- Und wo bin ich mir noch nicht sicher, ob es für mich eine Rolle spielt?

Ein definierter Scope schützt Dich vor einem stetig größer werdenden Arbeitsberg. Kunden, Kollegen und manchmal auch Du selbst übertragen gerne Zusatzaufgaben. Typische Sätze sind:

- *„Wenn Du X eh bereits tust, kannst Du dann nicht auch noch Y machen?“*

- *„Wo Sie gerade so exzellent eingearbeitet sind: als Ihr Premiumkunde würden wir es begrüßen, wenn…“*
- *„Jetzt habe ich bereits 12 Experteninterviews erledigt. Auf die zwei zusätzlichen Gespräche kommt es nun auch nicht mehr an.“*

Wer weiß, was er übersehen darf,
gewinnt an Weit- und Übersicht.
– Ernst Ferstl, österreichischer Lehrer und Schriftsteller

Bevor Du eine zusätzliche Aufgabe, ein neues Projekt oder eine weitere Rolle, usw. übernimmst und für diese fortan eine Ergebnisverantwortung trägst, solltest Du gemeinsam mit den Verantwortlichen den Scope festlegen. Bringe diesen anschließend zu Papier. Während der Abarbeitungsphase vergleichst Du dann fortwährend Deine momentanen Tätigkeitsfelder mit dem initial fixierten Scope. Und steuerst bei Bedarf um.

Verstehe mich bitte nicht falsch. Es geht nicht darum, stets jeden kleinen Gefallen abzulehnen oder Bitten von Kunden und Kollegen immer auszuschlagen. Der Fokus liegt auf den großen Linien, den wirklichen Baustellen. Sorge dafür, dass diese sich nicht vermehren, sondern zügig abgearbeitet und professionell geschlossen werden.

#70: Sympathisieren

Jennifer ist eine Kollegin von mir. Ich weiß nicht, wie sie es anstellt, aber irgendwie gelingt es Jennifer, dass ein Großteil der Kundenmitarbeiter sie mag. Auch in den Projektteams erarbeitet sie sich rasch die Sympathie von den Teilnehmern. Und das, ohne den Versuch es allen recht zu machen oder mit ihrer Meinung hinter den Berg zu halten.

Gut, ich gebe zu Jennifer ist attraktiv. Auch beherrscht sie die Technik des Smalltalks. Oft ist sie bei unseren Akquisegesprächen dabei, um erstens das Eis zu brechen und zweitens eine Vertrauensbeziehung zum Neukunden herzustellen. Wie macht sie das nur?

Sympathie beim Umgangen mit Kunden erzeugen

Kennst Du Personen, die Dir auf Anhieb sympathisch waren? Menschen, zu denen Du in wenigen Minuten tiefes Vertrauen gefasst hast und die Dich auf diese Weise von ihrem Ansatz, Produkt oder Einstellung überzeugen konnten? Seit den 70er Jahren beackern Wissenschaftler den Charakterzug Sympathie sehr intensiv. In unzähligen Studien haben die Forscher Merkmale herausgefunden, die Menschen für andere sympathischer erscheinen lassen.

1. Attraktivität
Das äußerliche Erscheinungsbild hat einen hohen Einfluss, ob Dein Gegenüber Sympathie verspürt. Gleichzeitig strahlt eine hohe körperliche Attraktivität auf andere Deiner Eigenschaften aus, wie zum Beispiel Kompetenz, Sachverstand und Erfahrung.

2. Gemeinsamkeiten
Ebenfalls zuträglich für eine gute Kundenbeziehung sind Gemeinsamkeiten. Teilen Dein Klient und Du beispielsweise Herkunft, Hobbys, Lebenseinstellung oder Charaktereigenschaften, wird dieser Dir gegenüber rasch eine Sympathie entwickeln.

Komplimente:
Ein geglückter Seiltanz zwischen Wahrheit und Übertreibung.
– Hermann Bahr, österreichischer Schriftsteller

3. Stallgeruch
Eng verwandt mit den Gemeinsamkeiten ist der Stallgeruch. Verwendest Du eine dem Kunden ähnliche Begriffswelt bzw. konntest Du bereits Projekte in seinem Unternehmen stemmen, wird er Dir viel früher vertrauen als ohne diesen internen Hintergrund.

4. Komplimente
Ebenfalls Sympathie-fördernd sind Komplimente an den Kunden, speziell wenn dieser die gelobte Eigenschaft gleichsam gut findet. Hebe nur sachliche Aspekte positiv hervor. Gut eignet sich beispielsweise die tolle Beschilderung der Büroräume oder das leckere Essen in der Kantine.

Nutze in Deinen Interaktionen die skizzierten Sympathie-verstärkende Merkmale. Übertreibe es dabei nicht. Ansonsten gehen die Maßnahmen nach hinten los. Die von Dir vorgebrachten Gemeinsamkeiten und Komplimente sollten ehrlich sein. In jedem Fall geht Anerkennung vor ‚Gemocht werden'. Du bist Berater, nicht ‚Everybody's Darling'.

#71: Taxifahren

Donnerstagnachmittag. Und plötzlich muss alles schnell gehen. Ich verabschiede mich beim Kunden, mein Maschine hebt in weniger als 90 Minuten ab. Gott sei Dank! Das Taxi wartet bereits vor den Büros, aber irgendwie sieht das Fahrzeug ungepflegt aus. Ich bitte den Fahrer, noch einmal bei meinem Hotel vorbeizufahren, wo noch immer mein am Morgen vergessenes Laptop-Kabel liegt. Mürrisch nickt er, will aber zuvor 50 Euro Cash sehen. Ich gebe ihm den Schein und wir brausen los.

Auf dem Weg nerven mich laute Radiomusik und das dauernde Telefonieren des Fahrers. Wir erreichen das Hotel und ich bitte 10 Minuten zu warten. Nach einer kurzen Diskussion mit der Rezeptionistin erhalte ich mein Ladekabel. Jetzt aber schnell weiter zum Flughafen. Im Laufschritt trete ich aus dem Hotel heraus. Nur da steht kein Taxi mehr...

Gute Stammfahrer erleichtern Deine Dienstreise

Taxifahrten gehören zum Beraterleben wie die Milch zum Latte Macchiato. Für die ersten und letzten Reisemeilen auf Deinem Weg zum Kunden sind sie häufig das zügigste Transportmittel. Bist Du für eine bestimmte Zeit fest in einer Stadt auf Projekt, empfiehlt sich die Verpflichtung eines Taxi-Stammfahrers. Warum? Gleich aus mehreren Gründen:

- Stammfahrer **haben Interesse an Deiner wiederkehrender Beauftragung**. Sie tun alles, damit Du so schnell und angenehm wie möglich zum Ziel kommst.
- Stammfahrer **kennen Deine Strecken und Routen**. Ihnen kannst Du bei der Fahrt blind vertrauen und Dich auf andere Aufgaben konzentrieren.
- Stammfahrer sind **offen für Preisverhandlungen**. Bei längerfristigen Engagements senkst Du Deine Transportkosten.

Der Taxifahrer fragt: „Wo soll's denn hingehen?".
Darauf der Berater: „Egal, ich werde überall gebraucht..."
– unbekannt

Im hektischen Berateralltag sorgen Stammfahrer dafür, dass Du Dich nicht mit den Logistikfragen vor Ort beschäftigen brauchst. Für sie bist Du ein Premiumkunde, ein exklusiver Reisender, der auch in der nächsten Woche sichere Umsätze bringen wird.

Sprich professionelle Taxilenker direkt an, ob sie Deine Stammchauffeure werden wollen. Verhandle Dein Reisevolumen, Fahrtkosten, Warte- & Stehzeiten. Lass Dir die direkte Telefonnummer des Fahrers geben und behandle ihn wertschätzend.

Ein Win-Win-Geschäft auf Reisen.

#72: Telefonieren

Die Leitung knackt, für einen Augenblick höre ich nur ein Rauschen. „Sorry, ich sitze im Taxi, wir sind gerade im Tunnel." entschuldigt sich mein Gesprächspartner Jörg. Eigentlich haben wir für 10:30 Uhr ein Synchro-Call vereinbart. Und eigentlich bin ich davon ausgegangen, dass Jörg ungestört mit einer optimalen Verbindung telefonieren kann. So aber setzt das Gespräch immer wieder aus.

Erneut eine Pause. Dumpf höre ich Jörgs Stimme. „Hier am Flughafen haben die irgendwie nur schlechtes Netz. Können wir später telefonieren?". Ich höre jetzt nur noch ein Fiepen. Die Leitung ist endgültig tot. 10 Minuten, und wir sind im Thema keinen Schritt weitergekommen.

Telefonieren = Handwerkszeug eines Beraters

Klar, im Consulting gehört Telefonieren zum Tagesgeschäft. Nummer wählen. Hörertaste drücken. Los geht's.

Nicht ganz. Denn es gibt einen Unterschied zwischen einem mittelmäßigen und einem professionellen Telefonat. Trotz exzellenter Audio- und ggf. auch Videoqualität bleibt gegenüber dem persönlichen Gespräch nämlich ein Nachteil: der Kommunikationskanal fällt enger aus. Die Folge: Nicht alle Zwischentöne finden den Weg vom Sender zum Empfänger. Ergreife gezielt Maßnahmen, um diese Lücke zu schließen. Konkret vor dem Gespräch:

- **Ziele setzen** – Was soll mit dem Telefonat erreicht werden?
- Agenda verschicken – Wer spricht zu welchem Diskussionspunkt wie lange?
- **Technik testen** – Funktionieren Bild und Ton beim Konferenzsystem?
- **Störungen ausschalten** – Welche Hintergrundgeräusche beeinträchtigen das Gespräch?

Telefonieren heißt, seine Stimme zu Besuch schicken.
– Franziska Friedl, österreichische Schriftstellerin

Steht die Leitung, gilt es nun die synchrone Zeit effektiv zu nutzen:

- **Vorzeitig einwählen** – Funktionieren Rufnummer, Einwahl-Pin, Audioraum-Code, etc.?
- **Kurz vorstellen** – Wer bist Du und für welches Unternehmen arbeitest Du?
- **Deutlich sprechen** – Wie kannst Du Dinge mit Deiner Stimme hervorheben?
- **Notizen anfertigen** – Welche Infos und Aufgaben werden besprochen?

Nach dem Telefonat ist Deine Arbeit noch nicht ganz erledigt. Zwei letzte Aufgaben stehen an:

- **Mitschrift ergänzen** – Welche Infos, Entscheidungen und Aufgaben wurden besprochen?
- **Notizen versenden** – Bist Du für das Protokoll zuständig?

Die hohe Verfügbarkeit und weite Verbreitung des Telefonierens haben ihre Tücken. Oft wird geschludert, die kostbare Zeit am Apparat verschwendet. Setze positive Akzente – vor, beim und nach dem Telefongespräch.

#73: Überbrücken

Warum habe ich nur bei diesem Unternehmen angeheuert? Spätherbst 2012, Montagvormittag. Ich sitze im Büro und brüte vor mich hin. Nicht im Kundenbüro, sondern im Office meines neuen Arbeitsgebers, einer mittelständischen Beratungsfirma. Eigentlich müsste ich beim Kunden sein bzw. zumindest auf dem Weg dorthin.

Das Problem: ich habe kein Projekt. Kein einziges. Noch im Bewerbungsgespräch wurde mir das ganz anders versprochen. Von zwei parallel Engagements in Frankfurt und München war da die Rede. Doch dann sagte Kunde 1 kurzfristig ab und Kunde 2 ist noch in der Entscheidungsphase.

Nur was mache ich jetzt mit der vielen verfügbaren Zeit?

Aus Zeiten am Strand das Beste machen

Im Consulting nennt man sie ‚On the Beach', ‚auf der Ersatzbank' oder eben ‚Bench-time': die Phase während der ein Berater in keinem Kundenprojekt tätig ist. Um eines klarzustellen: Beach-time ist weder ungewöhnlich noch besorgniserregend. Nicht immer gehen Deine Projekte nahtlos ineinander über. Vertagte Kundenentscheidungen, Budget-Repriorisierungen oder auch besondere Marktentwicklungen können dazu führen, dass Du plötzlich ohne Projekt dastehst. Was bleibt ist eine Menge an verfügbarer Zeit. Wie diese also am besten nutzen?

- Investiere die Zeit in **Marketing- & Vertriebsaktivitäten**. Genau der richtige Moment, Kontakte aufzufrischen und Ideen zu platzieren.
- **Unterstütze Deine Kollegen** in ihren Projekten. Dazu bietest Du zum Beispiel an, eine Präsentation aufzuwerten oder eine Hintergrundrecherche durchzuführen.
- **Forciere Deine Weiterbildung**, beispielsweise durch den Besuch von Trainings, Kongressen oder

Abendveranstaltungen. Jetzt ist die Zeit, zu Büchern zu greifen.

- **Publiziere Fachartikel**, Blogbeiträge, Whitepapers oder Fallstudien. Deine Artikel musst Du nicht immer sofort platzieren, sondern kannst auf Vorrat arbeiten.
- **Engagiere Dich in internen Projekten** wie beispielsweise der Aktualisierung der Unternehmenspräsentation oder der Weiterentwicklung der Onboarding-Prozesse.

Natürlich ist es immer besser, gar erst nicht in die Situation einer ‚Bench-time' zu gelangen. Fasse dazu im letzten Drittel Deines auslaufenden Projektes beim Noch-Auftraggeber nach. Fühle ihm auf den Zahn. Bei welchen Themen verspürt er weiterhin Schmerzen? Was läuft nach dem Projekt für ihn suboptimal?

Wer nicht merkt, daß er denkt, wenn er denkt,
ist reif für eine Denkpause.
– Elias Canetti, bulgarischer Schriftsteller und Aphoristiker

Sehe Dich zusätzlich nach Neukunden um. Erste Adresse sind Deine Kollegen. Anschließend geht es mit Deinen besten Kontakten weiter. Vielleicht kennt Dein Klient relevante Kollegen, die ebenfalls von Deiner Beratungsleistung profitieren können.

#74: Überfliegen

Aus und vorbei. Es reicht. Ich schiebe mein Smartphone in die Hemdentasche und verlasse fluchtartig den Bürotrakt. Ich muss raus, raus an die frische Luft.

Gerade eben habe ich von meinem Chef erfahren, dass ich bis Montag ein Angebot für einen Bestandskunden erstellen darf. Mein Problem: unter der Woche bin ich komplett dicht. Teile meines Wochenendes werde für dieses Angebot abschreiben müssen.

Und als ob diese Nachricht nicht schon genug wäre, hat sich nun auch meine Juniorunterstützung krankgemeldet. Den Workshop am Nachmittag kann ich jetzt alleine stemmen.

Erneut surrt mein Handy. In der Hoffnung auf einen Lichtblick gehe ich ran. Einer meiner Kunden meldet sich und möchte, dass ich ihm die aktuelle Projektpräsentation schicke. Er kann sie auf dem Dateiserver nicht finden. Ich fluche.

Zoom out/Zoom in – per Helikopter über das Projekt

Wie oft in der Woche steigst Du in einen Helikopter? Anders gefragt: wie oft löst Du Dich vom operativen Tagesgeschäft und nimmst eine strategische Position ein? Statt Dich im Klein-Klein der täglichen Beratungsroutine zu verlieren, lohnt der regelmäßige Ausflug hoch in die Wolken. Die Helikopterperspektive. Typische Fragen aus luftiger Höhe sind dann:

- Welche Aktivitäten binden aktuell viel Zeit und Energie, erzeugen mittel- bis langfristig nur geringen oder keinen Mehrwert?
- Angenommen, der vor mir liegende Aufgabenberg ist abgetragen: welche Möglichkeiten und Wege bieten sich dann?

- Woran werden meine Leistung, mein Unternehmen bzw. ich gemessen? Tragen meine Handlungen zu diesen Kriterien bei?

Dann und wann tut ein Helikopterflug gut. Du bekommst den Kopf frei. Frei fürs Wesentliche.

> **Schon am Anfang das Ende im Sinn haben.**
> – Stephen R. Covey, US-amerikanischer Autor

Überlege Dir auf Deinem Helikopterflug, welches Ergebnis am Ende Deines Beratungsengagements stehen soll. Wofür bezahlt Dich Dein Kunde, honoriert Dich Dein Vorgesetzte bzw. schätzt Dich Dein Unternehmen?

Priorisiere jede anstehende Aufgabe danach, ob diese auf das Ergebnis einzahlt. Falls ja, dann ist sie wichtig. Andernfalls unwichtig. Überlege Dir anschließend, bis wann die Aufgabe erledigt werden muss. Ist die Aufgabe dringend oder nicht? Dein Fokus liegt auf dringenden und wichtigen Aufgaben.

Delegiere dringende und unwichtige Aufgaben an Mitarbeiter, Werkstudenten und Praktikanten. Terminiere wichtige Aufgaben und vergesse alle unwichtigen und nicht dringenden Dinge.

#75: Übernachten

Dienstagmorgen im Office. Ich stehe gerade an der Kaffeemaschine und ziehe mir einen Latte, als ich Joachims Stimme höre: „Guten Morgen zusammen.“. „Hallo Joachim.“ antworte ich und bemerke Joachims dunkle Augenringe. „Du siehst müde aus. Gestern Abend noch lange Folien gebastelt?“.

Geschafft auf die Küchenzeile gestützt, gönnt sich Joachim einen doppelten Espresso. „Nein, ich konnte gestern nicht schlafen. Das Hotelbett ist zu weich. Außerdem liegt mein Zimmer direkt neben dem Fahrstuhl. Und als wäre das nicht genug, steht auf dem Gang vor meiner Tür eine Eismaschine. Jede 20-Minuten macht die so richtig krach.“.

Ein guter Berater ist ein ausgeruhter Berater

Wie viele Nächte schläfst Du pro Jahr auswärts? 50, 100, 200?

Zu Beginn meiner Beraterlaufbahn übernachtete ich jährlich mehr als 180 Nächte in Hotels. Bist Du viel unterwegs, solltest Du in Hotels unterkommen in denen Du Dich wohlfühlst. Quartieren die Dir erlauben, vom Arbeitstag runterzukommen und einen erholsamen Schlaf zu finden.

Die Übernachtungsbudgets unterscheiden sich von Beratung zu Beratung. Große Top-Häuser spendieren ihren Mitarbeitern oft Hotels mit 4 Sternen in exklusiven Lagen. Jedoch gilt: teurer ist nicht gleich besser. Zusätzliche Sterne sind vielleicht gut fürs Ego, meist wird Dir unterwegs jedoch die Zeit fehlen, um von dem reichhaltigen Angebot der Nobelquartiere zu profitieren.

Was der Schlaf für den Körper, ist die Freude für den Geist: Zufuhr neuer Lebenskraft.
– Rudolf von Jhering, deutscher Rechtswissenschaftler

Ganz gleich, wo Du unterkommst: für angenehmere Übernachtungen helfen diese Tipps:

- Frage Kollegen und den Kunden, welche **Übernachtungsmöglichkeiten** sie vor Ort empfehlen können. Weiche im Zweifel auf standardisierte Hotelketten aus.
- Buche ein **Hotel** direkt in der Nähe der Kundenbüros. Das verringert die An- und Abfahrt. Während vier Einsatztagen beim Kunden sparst Du 6x Pendelwege.
- Sei beim **Zimmer** wählerisch. Vermeide Lage zur Straße, neben Fahrstühlen, am Fitness- oder Frühstücksraum.
- Werde Mitglied in den **Treueprogrammen** der Hotelketten. Sammle Punkte und nutze diese für private Städtetrips oder Wochenendausflügen.
- Spare Zeit, indem Du die **Hotelrechnung** einen Abend vor Abreise begleichst. Meist bilden sich am Morgen an der Rezeption lange Schlangen.

Jeder Berater hat bei Hotels andere Präferenzen. Die einen mögen leckere Restaurants, den anderen ist ein gut ausgebauter Fitnessraum wichtig. Finde mit der Zeit Deine wichtigen Kriterien heraus. Und wähle Deine Übernachtungsmöglichkeiten entsprechend.

#76: Übersetzen

Synergieprojekt mit Südamerika. Ein deutscher Nutzfahrzeughersteller hat mich beauftragt, ihn beim Ausrollen seines Flaggschiffproduktes – ein 30 Tonnen Schwerlast-LKW – zu begleiten. Dazu soll ich die deutsche Stücklistenlogik auf das brasilianische System überführen.

Stücklistenkonzepte sind mir nicht fremd. Bereits bei anderen Automobilherstellern habe ich vergleichbare Projekte erfolgreich unterstützt. Zuversichtlich starte ich in den internationalen Kick-Off. Nach 90 Minuten ist das Meeting vorbei und ich ebenfalls völlig am Ende. Heavy Duty Truck? BoM? Plug Box?

Jedes Unternehmen hat seine eigene(n) Sprache(n)

Irgendwann einmal kommst Du in Deiner Karriere an den Punkt an dem Du meinst, Deine Sprachfähigkeiten verloren zu haben. Alle Kollegen werfen mit Fachbegriffen, Abkürzungen und Fremdworten um sich. So sehr Du Dich auch bemühst, aber Du verstehst nur Bahnhof. Verschärft wird Dein Dilemma durch die Internationalität des Projekts. Worte und Zusammenhänge sind Dir plötzlich doppelt fremd.

Es hilft nichts. Um beim Kunden einen Nutzen zu stiften, musst Du in den sauren Apfel beißen und Dich in die Fachsprache einfuchsen.

- Frage die Mitarbeiter des Kunden nach **Hintergrundinformationen**, zum Beispiel nach internen Grundlagendokumenten, einem Glossar oder einem guten Fachbuch. Nutze ruhige Minuten und arbeite Dich in dieses Material ein.
- Lege Dir ein kleines **Abkürzungsverzeichnis** an in dem Du häufig verwendete Akronyme und Begriffe festhältst. Wie beim Vokabeltraining zu Schulzeiten ist das Verzeichnis fortan Dein ständiger Begleiter.

- Beschäftige Dich mit der **Fachdomäne**. Kaufe Dir auf Reisen die einschlägigen Zeitschriften, surfe im Netz nach aktuellen Studien und tausche Dich mit Kollegen aus.
- Sprich in **Arbeitstreffen** Deine Wissensdefizite an und erfrage die fehlenden Fachbegriffe. Suche Dir dazu Kundenmitarbeiter, die ihr Wissen gerne teilen.

Die Tiefe Deiner fachlichen Einarbeitung hängt von zwei Aspekten ab. Erstens der Länge des Projektes. Für kurze Engagements reicht ein genereller Überblick. Bei Langläufern lohnt sich die Aneignung von fundiertem Fachwissen. Zweitens Deiner Aufgabe: je nach beauftragtem Ergebnistyp musst Du Dir mehr oder weniger Fachvokabeln aneignen.

In der Sprache, die man am schlechtesten spricht,
kann man am wenigsten lügen.
– Christian Friedrich Hebbel, deutscher Dramatiker und Lyriker

Übrigens gilt das Gesetz: Je größer die Organisation, desto mehr Fachsprachen existieren. Meist verstehen sich die Mitarbeiter selbst nicht und brauchen Hilfe. Wie gut, dass es multilinguale Unternehmensberater gibt.

#77: Umdeuten

„Sind Sie hier wirklich richtig?". Irritiert blicke ich von meinen Notizen auf und schaue auf die zwei mir gegenübersitzenden Kundenmitarbeiter. Herr März – der Leiter des Teams – fährt fort: „Immerhin sind Sie in Ihrer Beraterlaufbahn größtenteils in der Automobil- und Maschinenbaubranche unterwegs gewesen. In der Bankenbranche ticken die Uhren aber anders.".

„Genau deshalb, möchte ich Ihnen in Ihren IT-Fragen helfen." höre ich mich sagen und fahre fort „Unvoreingenommen und mit 10 Jahre IT-Erfahrung, erarbeite ich mit Ihnen eine Lösung des Problems.". Herr März und sein Kollege nicken und wir widmen uns den Inhalten.

Bedeutungswechsel durch einen alternativen Kontext

Ein Geschehnis, ein Problem oder einen Ansatz kannst Du aus verschiedenen Perspektiven betrachten. Du siehst diese Situation dann in einem anderen Kontext, bettest sie in einem anderen Rahmen ein. Ein paar Beispiele:

- Ein Kollege erscheint verspätet zum Meeting. Statt auf seinen Zeitverzug hinzuweisen, motiviert er, die verbleibenden Minuten für die konstruktive Arbeit zu nutzen.
- In einem Interview offenbart Dir ein Kundenmitarbeiter, dass sich seine Kollegen ständig in seine Arbeit reinhängen. Du gibst zu bedenken, dass die Kollegen an sein Wohlergehen interessiert sind und aus Abteilungssicht optimale Qualität abliefern wollen.
- In der Kaffeeküche fällt Dir ein Glas aus der Hand und zersplittert am Boden. Statt Dich zu ärgern, rufst Du nur *„Scherben bringen Glück!"* und beseitigst den Schaden.

Ich verstehe nicht, warum die Menschen Angst vor neuen Ideen haben. Ich habe Angst vor den alten.
– John Cage, US-amerikanischer Komponist und Künstler

Umdeuten – manchmal auch Neurahmen oder englisch Reframing genannt – ist ein mächtiges Werkzeug, um bisher unbekannte Aspekte in das Bewusstsein der Teilnehmer zu rücken. Nutze einen aktiven Kontextwechsel beispielsweise...

1. beim Brainstorming, um neue Ideen zu generieren,
2. während der Bedarfsanalyse, um ein bestehendes Problem aus einem alternativen Blickwinkel zu beleuchten oder
3. bei Verhandlungen, um einen festgefahrenen Sachverhalt in ein neues Licht zu tauchen.

Methoden wie 6-Hüte von de Bono oder World-Café unterstützen Dich einen Sachverhalt umzudeuten. Als kleine Übung interpretierst Du einfach Deine Alltagssituationen um. Verspätet sich beispielsweise Dein Flug, suchst Du nach Vorteilen der Verzögerung, statt mit den negativen Konsequenzen zu hadern.

#78: Umschalten

Nicht schon wieder. Etwas verzweifelt starre ich auf die Terminkalender App meines Smartphones. 60 Minuten vor Beginn hatte ein Kundenmitarbeiter den geplanten Kurztermin grundlos platzen lassen. Ich merke, dass leichter Ärger in mir hochsteigt. Erst gestern wurde ein für 07:30 Uhr anberaumtes Meeting kurzerhand verschoben. Meine Anreise in den frühen Morgenstunden war damit umsonst.

„Wozu diese ganze Plagerei?“ höre ich mich zu mir selbst sagen. „Wie soll ich effizient arbeiten können, wenn sich ständig die Planung ändert?“

Berater sein, heißt flexibel sein

Wenn Unternehmen Dich als Berater engagieren, bezahlen sie neben Deiner Expertise und Erfahrung vor allem Deine Flexibilität. Ein Kunde erwartet, dass Du ihn direkt nach dem ersten Briefing in einen halbtägigen Workshop begleitest, spontan ein Interviewtermin an einem anderen Standort wahrnimmst oder eben kurzfristig Deine Termine verschiebst. Für Dich bedeutet diese hohe Anpassungsfähigkeit einen Verlust in Effizienz. Vorgesehene Aufgaben können nicht wie geplant abgearbeitet werden.

Wie also umgehen mit einem sich stetig ändernden Terminkalender der von anderen diktiert wird? Zunächst das Mindset: viele Personen sind auch nach Jahren noch Berater, weil sie die Abwechslung, Dynamik, das Unvorhersehbare lieben. Für sie (wie auch für mich) gibt es nichts Schlimmeres als genau zu wissen, an welcher Sache man wo mit wem in genau drei Wochen werkeln wird. Ein Wechsel in den Aufgaben erfordert geistige, zeitliche und örtliche Flexibilität. Mit Fremdbestimmung hat das wenig zu tun.

Zustand ist ein albernes Wort;
weil nichts steht und alles beweglich ist.
– Johann Wolfgang von Goethe, deutscher Dichter

Doch Du kannst beides gleichzeitig sein, flexibel und effizient. Nutze kurzfristig entstandene Änderungen im Kalender für kleine Aufgaben, in die Du Dich schnell reinfindest. Ein paar Beispiele aus dem Consulting Alltag:

- **Vor-/Nachbereitung eines Arbeitstermins** (Agenda, Fragen, Protokoll, etc.)
- **Meeting-Koordination** (Interviews, gemeinsames Mittagessen, Jour Fixe, etc.)
- **Administrative Aufgaben** (Statusbericht, Zeiterfassung, Aufgabenliste, etc.)
- **Weiterqualifizierung** (Buchlektüre, Vokabeltraining, Videolektion, etc.)

Mit Smartphone, Laptop und Internetanschluss bist Du buchstäblich überall arbeitsfähig. Ob am Flughafen Gate, in den Kundenbüros, im Taxi oder einem Coffee Shop. Nutze die freigewordene Zeit und arbeite kleine abgeschlossene Aufgabenpakete ab. Profitiere von Deiner Flexibilität.

#79: Untersuchen

Eigentlich ist doch alles klar. Wir sitzen im Meeting mit dem Kunden. Vor uns steht, verteilt auf einen Flipchart, die Anforderungssammlung der Fachabteilung. Im nächsten Schritt werden die Anforderungen von uns verfeinert, anschließend dokumentiert und dann konsolidiert. Direkt danach die Abstimmung, schließlich geht das ganze Anforderungspaket dann an die in Frage kommenden Software-Hersteller.

Business as usual.

Aber sprach der Kunde am Telefon nicht von extremen Rahmenbedingungen? Von einem Vorprojekt, welches in Schieflage geraten war und abgebrochen werden musste? Von Führungskräften, die ihre Posten vor kurzem räumten?

Der Sache auf den Grund gehen

Im Consulting springen Dir die wahren Ursachen selten direkt ins Auge:

- Der sicher gewonnene Beratungsauftrag löst sich plötzlich in Luft auf. Der verantwortliche Kundenmitarbeiter reagiert nicht mehr auf E-Mailanfragen.
- Offiziell ist der Projektauftrag definiert. Aber aus unklaren Gründen unterstützen die internen Mitarbeiter das Vorhaben nicht. Im Gegenteil: sie blockieren.
- In einem Interview schlägt der Fachexperte von einem Moment auf den anderen grundlos auf den Tisch und verlässt daraufhin wütend den Raum.
- Dein Vorgesetzte verkündet im Personalgespräch, dass Du statt für das geplante Digitalisierungsprojekt nun für ein Standard-Testprojekt vorgesehen bist.

Das es mir so scheint heißt nicht, dass es so ist.
– Rolf Arnold, deutscher Autor und Professor für Pädagogik

Im Beziehungsdreieck ‚Kunde – Beratungsunternehmen – Du' existieren Situationen, die Du auf Basis Deiner Position, Kenntnissen und Erfahrungen weder rekonstruieren noch nachvollziehen kannst. Stehst Du wieder einmal vor einem Nebelfeld, helfen Dir die folgenden drei Fragen den Schleier (zumindest teilweise) zu lüften:

- Sind die wahren Ursachen für mich in meiner Arbeit relevant?
- Falls ja: was sind aus meiner Sicht die tatsächlichen Gründe?
- Wer (Person) oder was (Dokument) kann diese belastbar bestätigen?

Häufig ist Dein initiales Urteil trügerisch. Auch Gerüchte aus der Kaffeeküche oder der Flurfunk sind keine guten Ratgeber, um den wirklichen ‚Hasen im Pfeffer' zu identifizieren. Im Zweifelsfall immer hilfreich sind die magischen drei Aktivitäten eines Beraters: Fragen, Zuhören und Beobachten. Hangle Dich entlang der Symptome hin zu den Ursachen.

#80: Verbessern

Ich bin mal wieder in Wolfsburg. Ein internationaler Automobilhersteller hat mich für ein Prozessoptimierungsprojekt engagiert. Im Fokus stehen die Abläufe rund um die Endmontage eines Fahrzeugs. Zukünftig sollen diese durch ein neues integriertes IT-System unterstützt werden.

Mein Kunde führt mich durch die modernen Werkshallen zu seinem Büro. Auf dem Weg kommen wir an verschiedenen Montagelinien vorbei. Plötzlich bemerke ich, wie einer der Bandmitarbeiter freudestrahlend in die Luft springt. „Was hat er denn?" frage ich meinen Kunden neugierig. „Sicherlich freut er sich wegen der Prämie." antwortet der Kunde und erklärt: „Die bekommt er, wenn sein Verbesserungsvorschlag dauerhaft in den Montageprozess überführt wird."

Kontinuierliche Verbesserung der Beratungsleistung

Toyota führte den Kontinuierlichen Verbesserungsprozess – kurz KVP – bereits in den 1950er Jahren unter dem Begriff ‚Kaizen' ein. Der japanische Fahrzeughersteller legte damit den Grundstein für seinen Welterfolg. Erst vier Dekaden später folgten auch die deutschen Autoproduzenten. Herzstück des KVP ist die Denkweise der stetigen Optimierung. Statt dem großen, allumfassenden Umgestaltungsprogramm zu einem festen Zeitpunkt, nähert man sich dem Idealbild in kleinen Schritten an.

Den Stil verbessern, das heißt den Gedanken verbessern.
– Friedrich Wilhelm Nietzsche, deutscher Philosoph

Auch im Consulting kannst Du den KVP umsetzen, Deine Produktivität und Ergebnisse peu-à-peu steigern. Zur Inspiration einige Leitfragen:

- Wie kann ich meine Dienstreisen schneller planen und besser durchführen?

- Was muss ich tun, um zukünftig in Interviews schneller zum Punkt zu kommen und bessere Anforderungen zu erheben?
- Auf welche Weise kann ich meine Protokolle und Meeting-Mitschriften verständlicher und genauer verfassen?
- Wie kann ich meine administrativen Aufgaben wie Zeiterfassung, Reisekostenabrechnung oder Statusberichte noch weiter verschlanken?
- Wodurch können wir unsere Beratungsangebote prägnanter, überzeugender und einzigartiger gestalten?

Insbesondere für Aufgaben, die Du regelmäßig absolvierst lohnt sich der kritische Blick durch die KVP-Brille. Mit jedem Potential, das Du erkennst und anschließend hebst, verbesserst Du dauerhaft Deine Beratungsleistung.

Scheue nicht davor zurück, bei Kollegen, Vorgesetzten und Kunden zu spicken. Wie erledigen diese ihre Spesenabrechnungen? Was notieren sie in ihren Abnahmeprotokollen? Und wie interagieren sie bei Meetings?

Schritt für Schritt wirst Du zum besseren Berater.

#81: Verbinden

„Keine Ahnung, was die da drüben machen. Aber wir im Customer Service Center sind definitiv nicht der Grund für die vielen Kundenbeschwerden.“. Entschlossen schiebt Herr Meyer seine Kaffeetasse zur Seite und holt ein Blatt Papier heraus. Wir sitzen in ein einem kleine Meeting-Raum. Die Luft ist stickig, Herrn Meyers Laune gereizt. Sein Problem: die Kundenbeschwerden häufen sich. Sein Chef hat ihn aufgefordert, wieder ‚Herr der Lage‘ zu werden.

Herr Meyer beginnt mit seinem Stift auf das Blatt zu kritzeln. „Sehen Sie, monatlich treffen rund 500 Beschwerden bei uns ein. Wir haben das mal analysieret. Die meisten sind auf das Produkt zurückzuführen.“. Durchdringend blickt er mich an und stellt mir eine rhetorische Frage: „Und wer bei uns für das Produkt verantwortlich? Doch nicht der Kundenservice!“.

Unternehmensberater bauen Brücken

Je größer das Kundenunternehmen, desto spezialisierter seine einzelnen Abteilungen. Das ist wenig überraschend, beruht effizientes Wirtschaften auf den Prinzipien der Arbeitsteilung und der Spezialisierung. Das Problem dabei: die Abteilungen verbessern im lokalen nach den für ihren Bereich festgesetzten Zielen. Eine Silo-Denkweise setzt sein. Statt nach dem Optimum fürs Unternehmen, strebt jeder nach dem Bestmöglichen für die eigene kleine Zelle. Es entsteht eine Menge von lokalen Optima, in Summe weit entfernt vom maximal Möglichen.

Als Unternehmensberater brichst Du diese Strukturen auf. Du sorgst dafür, dass abteilungsübergreifend die Probleme angegangen werden und nach Lösungen gesucht wird. Einige Maßnahmen aus der Praxis:

- Du bringst die in verschiedenen Abteilungen tätigen Mitarbeiter in Kontakt und ermöglichst einen Wissensaustausch.

- Du fungierst als Mittler zwischen zwei Abteilungen, sprichst dazu die Fachsprache beider Kreise und übersetzt für die Kollegen.
- Du unterstützt die Arbeit an Abteilungsschnittstellen, indem Du die Anforderungen einer jeden Seite aufnimmst und daraus eine gemeinsame Lösung konzipierst.
- Du weist den Kunden auf Verbesserungen bzw. Ineffizienzen aus Sicht des Gesamtunternehmens hin.

Wie nutzlos, durch dieses Leben zu wandern,
wär's nicht die Brücke zu einem andern.
– Friedrich von Bodenstedt, deutscher Schriftsteller

Überwinde künstliche Bereichsgrenzen und baue stattdessen Brücken. Nicht nur, dass Du damit im Interesse des Top-Managements und der Unternehmensführung handelst. Zusätzlich verbreiterst Du Deine Sichtbarkeit in der Organisation und erhöhst die Wahrscheinlichkeit auf spannende Folgeaufträge.

#82: Vereinbaren

Das Problem war vorprogrammiert. Nach dem Uni-Abschluss fiel meine Entscheidung, Unternehmensberater zu werden. Die gesamte Woche war ich auf Achse, unterstützte internationale Kunden in spannenden Projekten. An den Wochenenden blieb ausreichend Freizeit und schließlich lernte ich auf einer Silvesterparty meine Traumfrau fürs Leben kennen. Nach Jahren der wilden Ehe heirateten wir. Für eine ganze Weile war unsere feste Beziehung und mein Beraterjob gut kombinierbar.

Doch schließlich wird man auch nicht jünger. Irgendwann änderten sich die Präferenzen und Kinder kündigten sich an. Doch sind das nicht zwei gegensätzliche Pole, Consulting und Familie?

Familie ist kein Ende der Beraterkarriere

Im Consulting gilt: Up-or-out! Grow-or-Go!

Das war einmal. In Zeiten der Generation Y und Z sind Beraterkarriere und Familie keine entgegengesetzten Pole mehr. Viele Beratungen steuern um, ermöglichen ihren Mitarbeitern die Vereinbarung von Job und Kindern. Das beginnt mit dem Home-Office, reicht über Vertrauensarbeitszeit und endet noch lange nicht beim Sabbatical. Das Kalkül ist klar:

- Auf einen angespannten Arbeitnehmermarkt tobt der Kampf um die besten Talente.
- Einmal eingestellt, möchten Beratungen ihre qualifizierten Fachkräfte halten und binden.
- Wie die Industrie, folgen auch Beratungen dem Trend der flexibilisierten Arbeitsmodi.

In einer friedlichen Familie kommt das Glück von selber.
– Chinesisches Sprichwort

Als frischgebackener Vater bzw. Mutter bieten sich Dir mehrere Möglichkeiten, gleichzeitig angestellter Berater zu bleiben ohne dabei auf ein Familienleben zu verzichten:

- **Leave of Absence**: Für eine begrenzte Zeit lässt Du Dich von Deiner Beratung freistellen.
- **Arbeitszeitreduktion**: Statt der regulären 5 Tage, ist Deine Arbeitswoche nur 4 Tage lang.
- **Versetzung**: Du lässt Dich auf eine stationäre Position wie Analyst, Research Assistant oder Produktmanager versetzen.
- **Kinderbetreuung**: Speziell die großen Beratungen unterstützen Dich mit eigenen Kindertageseinrichtungen, finanziellen Zuwendungen und Partnerschaftsverträgen.
- **Berufswechsel**: Letztlich hast Du immer die Option bei einer Beratung mit regionalen Kunden anzuheuern oder ganz den Beruf zu wechseln.

Natürlich solltest Du jede Option planen und den ein oder anderen beruflichen bzw. privaten Kompromiss eingehen. Doch es lohnt sich! Gerade in ihren ersten Jahren entwickeln sich Kinder unglaublich schnell. Optimiere Dein Arbeit-Familien-Modell aktiv, um diese einmalige Phase nicht zu verpassen.

#83: Verknappen

Ich starre auf die Textwüste, die der Projektor artig auf die weiße Wand vor uns beamt. Spiegelstrich um Spiegelstrich reihen sich auf der dicht bepackten PowerPoint Folie. Der anwesende Kunde? Längst ausgestiegen. Meine Kollegen? Sitzen gelangweilt hinter ihren Laptops und klimpern auf ihrer Tastatur herum.

Wenn man ehrlich ist, hört keiner mehr dem Referenten zu. Es ist einfach zu viel. Zuviel Text. Zuviel Sprache. Zuviel von allem. Das Problem: der Referent ist Paul, einer unserer Beraterkollegen.

Bewusstes Reduzieren der verfügbaren Mittel

Dein Kunde hat es nicht leicht. Tagtäglich wird er mit einer Flut von Informationen traktiert, aus welche er einzelne Elemente auswählen, bewerten und weiterverarbeiten muss. Ein stetiger Strom aus Projektberichten, Meeting-Mitschriften und Analyse-Folien: groß ist da die Gefahr, im ‚Information-Overload' zu versinken.

Setze bewusst Akzente, indem Du Dich vom ständigen ‚Informationslärm' durch wenige aber wertvolle Nachrichten abhebst. Ein paar Anregungen:

- Entschlacke Deine **Präsentationsfolien**. Kann der Text, die Aufzählliste, der Folienumfang sinnvoll reduziert werden ohne dass dabei Substanz verloren geht?
- Verkürze Deinen **Redeanteil** in Gesprächen. Was hat der Kunde zum Problem, dem Lösungsansatz und den Rahmenbedingungen zu sagen?
- Verknappe Deine **E-Mails** in Menge und Umfang. Inwieweit kann der Mail-Text zusammengekürzt, aus zwei verteilte Nachrichten eine einzige gemacht werden?
- Verkürze Deine **Meeting-Zeiten** um 25 Prozent. Sind nicht auch 45 Minuten, statt der üblichen 60 Minuten für das Treffen ausreichend?

Perfektion ist nicht dann erreicht,
wenn es nichts mehr hinzuzufügen gibt,
sondern wenn man nichts mehr weglassen kann.
– Antoine de Saint-Exupéry, französischer Schriftsteller

Das Prinzip ‚Minimalismus' kannst Du ebenfalls bei Dir anwenden. Erneut einige Impulse:

- Fahre Dein **Reisegepäck** auf ein notwendiges Maß zurück. Sind alle Kleidungsstücke, Dokumente und Gadgets unterwegs wirklich notwendig?
- Senke Deine **Verfügbarkeit** für Kunden und Kollegen. Bist Du tatsächlich jederzeit für jeden überall zu sprechen?
- Reduziere Deine Zeit, die Du täglich für **E-Mails** aufwendest. Reicht es nicht aus, drei Mal am Tag Mails zu prüfen und zu beantworten?

Verknappe künstlich Deine Ressourcen. Meist kommst Du bereits mit der Hälfte Deines zeitlichen, materiellen, mentalen, etc. Kontingents zum fast identischen Ergebnis.

#84: Vereinfachen

Zum dritten Mal überfliege ich den Projektsteckbrief. Bisher dachte ich, meine Ausbildung sei solide. Immerhin 10 Jahre Uni, mit Abschluss einer Promotion. Aber dieses Projektpapier verstehe ich einfach nicht. Komplizierter Satzbau, ellenlange Sätze, mehrdeutige Fachbegriffe.

Ich blicke vom Steckbrief hoch und wende mich an den Unterabteilungsleiter Dirk Thomas. „Herr Thomas, wenn Sie einverstanden sind, setze ich eine neue Fassung dieses Projektsteckbriefs auf. Das Papier erscheint mir etwas kompliziert. Ich fürchte, nicht jeder im Projektteam wird es auf die gleiche Art und Weise verstehen.“. Herr Thomas nickt und ich mache mich an die Arbeit.

Nach 30 Minuten lege ich ihm die überarbeitete Fassung vor und merke wie sich sein Gesicht aufhellt: „Jetzt weiß ich, warum es Unternehmensberater gibt.“.

Dinge müssen nicht immer komplexer werden

Die Geschäftswelt ist komplex. Unternehmen sind komplex. Anspruchsvolle Kunden. Harte Wettbewerber. Fordernde Mitarbeiter. Hinzu kommen die wachsenden technologischen Möglichkeiten, strengere Compliance und Gesetzesvorgaben sowie ein Markt, der nun ein ganz und gar globaler ist.

Die Konsequenz: um der Komplexität zu begegnen errichten Unternehmen ein kompliziertes Geflecht von Prozessen, Regeln und Prinzipien. Manchmal zu kompliziert. Und jetzt kommst Du ins Spiel. Vereinfache die Dinge, wo Du kannst. Einige Anregungen:

- Die **Fachspezifikation** ist in langen verschachtelten Sätzen verfasst. Keiner versteht das Papier so richtig, will es aber offiziell nicht zugeben.

- Der **Geschäftsprozess** beinhaltet eine Vielzahl von Ausnahmeregelungen. Auf die Frage, warum das so ist, erhältst Du keine plausible Antwort.
- Einfache **Anwendungsfälle** wie Urlaubsantrag oder Reisekostenabrechnung benötigen Stunden. Weshalb so viele Details erfasst werden, weiß aber keiner.
- Die **Aufgabenliste** besteht aus 23 Spalten die nicht durchgängig gepflegt sind. Auf Anfrage beim Kunden, entgegnet dieser, dass das schon immer so war.

Hinterfrage verkomplizierte Ergebnistypen, Verfahrensanweisungen und Modelle. Was ist der Kern des Problems? Nicht sofort am ersten Projekttag. Das wäre zu vermessen. Sondern nachdem Du Dir Ziel, Ausgangssituation sowie mögliche alternative Lösungsansätze vergegenwärtigt hast und mit diesen konstruktiv unterstützen kannst.

Man muss die Dinge so einfach wie möglich machen.
Aber nicht einfacher.
– Albert Einstein, deutsch-amerikanischer Physiker

Manchmal sehen die Kundenmitarbeiter sprichwörtlich vor lauter Bäumen den Wald nicht mehr. Diese Betriebsblindheit führt zum Aufbauschen der Dinge, zum Sonderlocken-Wahn, zum Over-Engineering. Vereinfache wo möglich. Kunde und Kollegen werden es Dir danken.

#85: Verhandeln

Bewerbungsgespräch. Neben mir sitzt Mareike, unsere Personalleiterin, vor mir Herr Jochen Andress, ein aussichtsreicher Kandidat für eine offene Position als Junior Consultant. Wir sind in Runde fünf angelangt. Nach dem Lebenslauf-Screening, dem Telefonat und zwei fachlichen Interviews geht es nun um das Organisatorische. Urlaubsanspruch, Arbeitszeiten und Reisebereitschaft haben wir bereits diskutiert. Was fehlt ist eine Absprache zum Gehalt.

„Herr Andress, nehmen wir an Sie erhalten von uns einen Arbeitsvertrag." beginnt Mareike hypothetisch das Thema. „Von welchen Gehaltsvorstellungen können wir bei Ihnen ausgehen?".

Unternehmensberater verhandeln regelmäßig

Verhandeln? Ich? Eigentlich nie! Stopp!

Als Berater verhandelst Du öfters als Du denkst.

Beim Jahresgespräch mit dem Chef über Deine neuen Ziele. Mit dem Kunden bzgl. seinem Nutzen und Deiner Vergütung im gemeinsamen Engagement. Im Hotel über das schönere Zimmer zu identischen Konditionen. Mit den Kollegen bei der Verteilung der Projektauftgaben.

Verhandlungen gehören zum Consulting Alltag. Verhandlungsgeschick ist reine Übungssache, wenn auch für Berater etwas ungewohnt. Nicht die Lösung eines Problems, sondern die Durchsetzung von Interessen stehen im Mittelpunkt.

Gute Verhandlungstaktik besteht darin,
die Antwort zu provozieren, die man haben will.
– Hans Habe, österreichischer Journalist,
Schriftsteller und Drehbuchautor

Es gibt unzählige Bücher zu Verhandlungen: Preisverhandlung, Alltagsverhandlungen, Havard-Konzept, Verhandeln im Grenzbereich... Für den Beginn reichen fünf Verhandlungsregeln. Prinzipien die Du Dir einfach merken und rasch auf Deine Praxis übertragen kannst.

1. **Vorbereitung** – Informiere Dich vor dem Gespräch über Deinen Verhandlungspartner. Worin bestehen seine Ziele, Interessen und Befürchtungen?
2. **Alternative** – Verschaffe Dir vor der Verhandlung eine Notfalloption. Diese fungiert als bereits erreichte Basis, die Du im Gespräch verbessern willst.
3. **Gegenleistung** – Keine Leistung ohne Gegenleistung. Mache Zugeständnisse, die Dich wenig kosten, Deinem Partner aber viel bringen. Fordere immer einen Ausgleich.
4. **Umfang** – Erweitere den Verhandlungsrahmen. Statt nur vom Preis, beziehst Du weitere Faktoren wie Garantie, Zusatzdienstleistungen, Ersatzprodukte, etc. mit ein.
5. **Fair** – Vermeide Deinen Verhandlungspartner unter Druck zu setzen. Ein No-Go ist das Ultimatum. Kurzfristig spielst Du damit Macht aus, mittelfristig schmälerst Du Deinen Verhandlungsspielraum.

Im Optimum fühlt sich Dein Verhandlungspartner beim Abschluss mental als Gewinner. Auf der Sachebene jedoch, hast Du Dein Ziel erreicht und Deine wichtigsten Interessen durchgesetzt.

#86: Verkaufen

Seit Wochen stecken wir in den Vorbereitungen. Für Freitag hat sich eine kleine Delegation aus Mitarbeitern eines traditionsreichen Anlagenbauers angekündigt. Im gemeinsamen Workshop wollen wir ausloten, ob und wie wir bei der Einführung einer neuen Software unterstützen können. Auch ich habe einen Programmbaustein im sorgsam orchestrierten Akquisetermin.

Der Freitag rückt heran und wir sind im Termin. Konzepte werden vorgestellt, diskutiert und aus unterschiedlichen Perspektiven beleuchtet. Ich präsentiere und befrage den Kunden, schließlich soll sich die viele Vorbereitung auszahlen. Gesättigt mit Fakten, Modellen und Ratschlägen verlässt uns der Kundentrupp am späten Nachmittag mit dem Versprechen, sich in der Folgewoche zu melden.

Der Anruf erfolgt dann auch prompt am Dienstag. Das Team gibt zu verstehen, dass Vorhaben zunächst mit den internen Entscheidungsträgern abstimmen zu wollen.

Verkaufen geht nur beim Entscheider

Kunde ist nicht gleich Kunde. Verschiedene Personen beim Kundenunternehmen ziehen einen unterschiedlichen Nutzen aus Deiner Beratungsleistung. Nachfolgende Rollen sind typisch:

- Ein **Empfehler** profitiert von Deiner Beratungsleistung, da diese eines seiner Probleme löst. Er versorgt Dich mit Hintergrundinfos und ist dir wohl gesonnen.
- Ein **Nörgler** ist das Gegenteil eines Empfehlers. Er hält am Ist-Zustand fest und lehnt jegliche Änderungen ab. Dein Beratungsprojekt ist für ihn von Nachteil.
- Ein **Beeinflusser** handelt gegenüber Dir neutral und sachlich. Sein Ziel ist die Wahl der besten Beratungsleistung für das Unternehmen.

- Ein **Abzeichner** trifft eine Beauftragungsentscheidung zwar nicht, kann diese jedoch verhindern. Er agiert im Unternehmen als Kontroll- und Überwachungsinstanz.
- Ein **Entscheider** hat von Deinem Beratungsprojekt einen Mehrwert und finanziert dieses auch. Als Käufer entscheidet er sich für oder gegen Deine Beauftragung.

> **Ein Baum braucht starke Wurzeln –**
> **Ein Unternehmen braucht einen starken Vertrieb.**
> – Dirk Kreuter, deutscher Verkaufstrainer und Autor

Die wichtigste Person im Kundenunternehmen ist für Dich der Entscheider. Halte Dich nicht zu lange mit Personen auf, die Dein Beratungsprojekt ablehnen, ihm jedoch nicht zustimmen können. Häufig besetzt der Entscheider eine Leitungsposition, wie zum Beispiel Gruppen-, Abteilungs- oder Bereichsleiter.

Auch wenn in manchen Organisationen spezielle Gremien zur Entscheidungsfindung tagen: es gibt immer nur einen Entscheider. In letzter Konsequenz steht er für den Beschluss allein grade. Finde anhand qualifizierter Fragen den Entscheider und akquiriere beim ihm Deine Projekte.

#87: Vermitteln

Bei mir sind die Möbelpacker im Haus. Grund ist mein Umzug in eine größere Wohnung. Diese ist auch nötig, mit Kindern braucht die Familie einfach mehr Platz.

Mit dem Chef des Umzugsdienstleisters sind Vorgehen und Inventarliste detailliert geplant. Zwei weitere Unterstützer packen an, der Chef koordiniert als zentraler Ansprechpartner.

Wir starten 08:00 Uhr, da prasselt die erste Frage von Helfer 1 auf mich ein: „Sollen wir mit dem Wohnzimmer beginnen?“. Kurz darauf wendet sich Helfer 2 an mich: „Ich kümmere mich um den Keller. Kann ich dazu bitte die Schlüssel haben?“. „Moment.“ denke ich. „Bin ich hier der Koordinator?“.

Eine zentrale Anlaufstelle im Beraterteam

Kennst Du einen SpoC? Einen Single Point of Contact? Bei einem SPoC handelt es sich um eine einzelne Person, die im Projekt die Rolle des zentralen Ansprechpartners für ein Dienstleistungsunternehmen einnimmt. Berätst Du im Team, agiert einer von Euch Beratern gegenüber dem Kunden als SPoC.

Der SPoC ist die Stimme und das Ohr zum Kunden. Als zentrale Kommunikationsdrehscheibe, laufen über ihn alle wichtigen Projektfragen und -informationen. Und zwar in beide Richtungen: vom Kunden ins Beraterteam und vom Beraterteam zum Kunden. Diese Konzentration auf eine Person hat mehrere Vorteile.

- Der **Kunde** hat einen einzigen Ansprechpartner. Er muss sich nicht Gedanken machen, wen er im Falle von Fragen aus dem Beraterteam kontaktieren muss.
- **Widersprüche** und abweichende Antworten werden vermieden. Beim SPoC laufen alle Kommunikationsfäden des Teams zusammen. Seine Aussagen sind konsistent, Anfragen von außen kann er priorisieren und gezielt intern weitergeben.

- Die **Projektarbeit** verläuft effizient. Anstatt jeden einzelnen Berater mit administrativen Fragen zu beschäftigen, übernimmt das ein einheitlicher Ansprechpartner.

Meist nehmen erfahrene Beraterkollegen die Rolle des SPoCs wahr. Sie agieren auf Augenhöhe mit dem Projektleiter bzw. den SPoCs weiterer Partnerunternehmen.

Kommunikation funktioniert für diejenigen, die daran arbeiten.
– John Powell, englischer Komponist und Dirigent

Für Deine Beraterarbeit bedeutet das zwei Dinge. Erstens solltest Du wichtige Projektinformationen an Deinen SPoC weitergeben und über ihn an den Kunden kommunizieren lassen. Zweitens solltest Du alle vom Kunden bilateral an Dich herangetragenen Infos auch an Deinen SPoC weiterleiten. Statt einen Haufen von einzeln agierenden Individuen, erlebt der Kunde auf diese Weise ein stimmig und in sich geschlossen handelndes Beraterteam.

#88: Vorbereiten

Prozessoptimierungsprojekt beim Automobilzulieferer. Ein Kollege und ich sollen mit Hilfe von Interviews relevante Verbesserungspotentiale in den Abläufen ans Tageslicht bringen. Unsere Rollenverteilung ist klar: mein Kollege stellt die fachlichen Fragen, ich halte die Fakten im Protokoll fest.

Wir sitzen vor unserem ersten Gesprächspartner und wollen starten. Plötzlich merke ich, wie meinem Kollegen der Schweiß ausbricht und er sich unruhig auf dem Sitz hin und her dreht. „Gibt es ein Problem?“ raune ich ihm zu. „Ich kenne mich in dem Thema überhaupt nicht aus.“ antwortet er mir etwas verkniffen. „Kannst Du nicht die Rolle des Interviewers übernehmen? Ich schreibe auch alles mit.“

Erfolg kommt mit guter Vorbereitung

Der Hollywood-Schauspieler tut es. Der Profifußballspieler. Der Bundeswehrsoldat sowieso. Erfolgreiche Personen bereiten sich auf ihre Einsätze vor. Auch in der Beratung empfiehlt es sich, wenn Du anstehende Gruppenaufgaben vorbereitest:

- Überfliege vor einem Interview noch einmal Deinen Leitfaden mit den Fragen.
- Notiere vor dem Mitarbeitergespräch mit Deinem Chef die aus Deiner Sicht relevanten Diskussionspunkte.
- Befasse Dich vor dem Bedarfsgespräch beim Neukunden mit dessen Unternehmen, Abteilung und Zielstellungen.
- Arbeite Dich vor dem Themen-Workshop tiefer in die Fragestellungen ein.

Vorbereitung hilft Dir, Sicherheit für die anstehende Tätigkeit zu gewinnen. Im Kopf läufst Du die einzelnen Punkte schon einmal ab, durchdenkst Unklarheiten, Fallstricke und Abkürzungen. Das ist wie beim Trainingslauf im Vorfeld eines Marathons.

Der Junge soll seine Kraft auf die Vorbereitung, der Alte auf die Nutzung verwenden.
– Michel de Montaigne, französischer Humanist

Dabei gilt: je wichtiger das Ereignis, je unbekannter Dir das Thema, je mehr Personen anwesenden sind, desto umfassender sollte Deine Vorbereitungen ausfallen. Handelt es sich hingegen bereits um das neunte Interview mit identischen Frageinhalten oder steht wieder der wöchentliche Jour Fixe auf dem Programm, dann reduzieren sich Deine Vorbereitungsmaßnahmen auf ein Minimum.

Gute Vorbereitung kostet natürlich Zeit. Begehe hier nicht den Fehler des ‚Overpreparing'. Möglicherweise entwickelt sich der Termin wider erwartend in eine andere Richtung. Neue Fragen treten auf oder das Thema verliert an Relevanz. Halte Dich an das Minimalprinzip: mit minimalen Aufwand maximal gut vorbereitet sein. Sei der Kundschafter im Projekt und beeinflusse, welchen Weg die Kunden-Berater-Karawane einschlagen wird.

#89: Vorschlagen

„Kannst Du bitte einen One-Pager erstellen." frage ich Bastian und präzisiere „Einfach einen Überblick auf das besprochene Dienste-Modell. Die Folie nehmen wir dann mit in den Statustermin als Diskussionsgrundlage.".

Bastian ist Praktikant, seit zwei Wochen begleitet er mich beim Kunden. „Wieso?" fragt er zurück „Wir haben doch eine Agenda und die Aufgabenliste.". Das ist richtig. Seitdem wir den Termin organisieren, besitzt jedes Meeting klare Ziele und Diskussionspunkte. Aber reicht das immer?

Mit einem Vorschlag ins Gespräch gehen

Startest Du gerne auf einem weißen Blatt Papier?

So ganz ohne Vorgaben, Hilfestellungen oder Orientierungspunkte?

Menschen fällt es oft leichter auf Bestehenden aufzusetzen, als Dinge von Grund auf neu zu konzipieren. Mache Dir diesen Umstand zu nutze. Liefere in Deinen Meetings, Workshops und Besprechungen zu Beginn einen Vorschlag ab. Das kann eine Folie mit einem Phasenmodell, eine Tabelle mit einer Gegenüberstellung oder ein Flipchart mit einer Skizze sein.

Dein Vorschlag muss nicht perfekt sein. Es geht vielmehr darum Vorzudenken und die Faktoren, ihre Eigenschaften und Beziehungen aufs Papier zu bringen. Diese Vorlage dient Deinem Gesprächspartner und Dir dann als Startpunkt, Diskussionsvorlage und Reibungsfläche gleichzeitig. Einige Beispiele:

- Im Rahmen eines Analyseprojektes extrahierst Du zu Beginn einen **initialen Wurf von Graphiken und Sichten** als Anregung für die ersten Besprechungen.

- Auf Basis des Telefonats mit einem potentiellen Neukunden konzipierst Du einen **vorläufigen Ansatz** den Du in das vereinbarte Kennenlerntreffen mitnimmst.
- Für das anstehende Trainings- & Entwicklungstreffen mit den Beraterkollegen entwirfst Du ein **grobes Rahmenmodell** als Denkangebot.

Konsens erlangt man nicht mit dem Vorschlaghammer.
– Norbert Blühm, deutscher Politiker

Dein Vorschlag demonstriert, dass Du die Sache ernst nimmst und einen Schritt weiterdenkst. Darüber hinaus versetzt Dich das Papier in die Lage, Einfluss auf den Verlauf im Projekt zu nehmen. Du lieferst Konzepte. Was liegt näher, diese direkt aufzugreifen?

Auch wenn das in der Praxis eigentlich fast nie dazu kommt: Dein Gegenüber kann den Vorschlag natürlich auch ablehnen. Schließlich bleibt ein Vorschlag ein Vorschlag und kein Vorschlaghammer. Investiere daher überschaubaren Aufwand in das Modell, die Methode bzw. das Konzept. Beginne Deine Gespräche mit etwas in der Hand, was Nutzen erzeugt und Dich wenig kostet.

#90: Vorverdrahten

Donnerstagnachmittag 14:00 Uhr. Die Lenkungskreispräsentation steht auf dem Programm. Etwas müde blickt mich meine Kollegin Claudia aus ihren braunen Augen an. Kein Wunder, bis gestern Abend 22:00 Uhr saßen wir an den Folien. Jetzt im Meeting haben wir die Aufgabe, den Projektstatus zu kommunizieren.

Mit Zuversicht startet Claudia die Präsentation. Doch bereits auf der ersten Folie wird Sie barsch von Herrn Fernandez, dem Projektsponsor, unterbrochen: „Fehlt hier nicht noch der Punkt ‚Abstimmung mit Fachabteilung Clearing'?". Claudia nickt und deutet auf den Agendapunkt ‚Synchronisation' hin in dem alle Abstimmungstätigkeiten behandelt werden.

Sie fährt fort, wird aber kurz darauf erneut mit einer Frage konfrontiert. „Warum diskutieren wir wieder das Risikomanagement?" will dieses Mal der Leiter IT Herr Lopez wissen „Ich dachte das Thema sei durch.".

Bessere Meetings durch Vorverdrahten

Die englischsprachigen Beraterkollegen nennen es das ‚Pre-wiring', zu Deutsch Vorverdrahten oder Vorverkabeln. Statt eine Personengruppe in einem Meeting mit neuen Fakten zu konfrontieren, weihst Du jeden einzelnen der Teilnehmer bereits vorab in die Inhalte ein. Im Meeting selbst kennt jeder den Stoff und nickt diesen dann ab.

Das Vorverdrahten – insbesondere in spannungsgeladenen Runden – ist extrem wichtig.

- Menschen mögen keine Überraschungen, insbesondere solche mit negativen Konsequenzen für sie.
- Menschen lieben es zu Sachverhalten ihren ‚Senf' dazuzugeben.

- Menschen nutzen insbesondere große Meeting-Runden zur Selbstdarstellung. Besprochene Inhalte werden zum Marketing in eigener Sache missbraucht.

Vor einem wichtigen Treffen holst Du jeden Teilnehmer mit den Diskussionsinhalten ab, wenn möglich bilateral. Arbeite die einzelnen Anmerkungen ein und schaffe bereits vor dem eigentlichen Meeting ein gemeinsames Verständnis und einen Konsens.

> **Stets findet Überraschung statt /**
> **Da, wo man's nicht erwartet hat.**
> – Wilhelm Busch, deutscher Dichter, Zeichner und Maler

Um gut Vorverdrahten zu können, musst Du eine Initialfassung Deiner Präsentation bereits früher als sonst fertigstellen. Vermeide hier Perfektionismus. Schließlich erhältst Du in den anstehenden Gesprächen wertvolles Feedback für Deine Folien.

Falls ein Treffen mit einem Teilnehmer nicht möglich ist, sendest Du diesem die Unterlage mit Bitte um Rückmeldung. Zumindest sind die Themen dann für ihn nicht neu und er hat die Gelegenheit gehabt, seine Aspekte mit einzubringen.

#91: Wechseln

„Liebe Kolleginnen und Kollegen, für mich ist die Zeit gekommen neue Wege einzuschlagen. Am 30. Juni habe ich meinen letzten Arbeitstag und werde mich ab dem 1. Juli tollen neuen Aufgaben widmen.“. Ich blicke auf die E-Mail vor mir auf dem Bildschirm. Sie stammt von Patricia, einer unserer Beraterin im Change Management. Vor drei Jahren ist Patricia direkt nach ihrer Masterarbeit bei uns eingestiegen.

Schade, denke ich. Aber schließlich ist es ihre Karriere.

Strategischer Wechsel, wenn die Zeit gekommen ist

Nichts hält ewig. Auch nicht der Job in einer Unternehmensberatung. Sei es nun aufgrund fehlender Perspektiven, einem lukrativen Angebot, einer Veränderung im Lebensstil: irgendwann ist der Zeitpunkt gekommen, den Hut zu nehmen und den Arbeitgeber zu verlassen.

Als Consultant hältst Du gute Karten in der Hand. Kreative und leistungswillige Berater sind begehrte Kräfte auf dem Arbeitsmarkt. Halte Deine Augen und Ohren nach beruflichen Chancen offen und vollziehe zur rechten Zeit einen gezielten Wechsel. Das Gros der Consultants wechselt nach 2-3 Jahren in die Industrie. Doch es gibt alternative Destinationen:

- Entscheide Dich für eine **universitäre Laufbahn**, falls Du Forschung und Lehre magst und Wissen für Dich an erster Stelle steht.
- Gründe Dein **eigenes Startup**, wenn Deine Perspektive das Unternehmertum ist. Diese Option enthält gleichsam den Aufbau einer eigenen Beratung.
- Bleibe **Consultant**, wechsle jedoch die Unternehmensberatung insbesondere, wenn damit ein Aufstieg in Rolle, Gehalt bzw. Projektinhalten verbunden ist.

Nichts ist so beständig wie der Wandel.
– Heraklit von Ephesos, Philosoph aus dem ionischen Ephesos

Dabei solltest Du den Wechsel clever vollziehen.

- **Relevanz** – Halte Dich durch Ergebnisse, Training und Kontakte attraktiv für den Markt.
- **Zuverlässigkeit** – Weise durch mindestens 2 Jahre Unternehmenszugehörigkeit Deine Loyalität zu einem Arbeitgeber nach.
- **Rückkehr** – Wechsle Deinen Job aus einer Position der Stärke, um möglicherweise später wieder zurückzukehren.

Manchmal sind die Entwicklungspotentiale anderorts einfach größer als beim aktuellen Arbeitgeber. Gerade in den ersten 10 Berufsjahren lohnt der mehrmalige Jobwechsel, sowohl um verschiedene Unternehmenskulturen kennenzulernen als auch beruflich in kurzer Zeit mehrere Schritte weiter zu kommen.

Letztlich ist ein Wechsel aber auch kein Allheilmittel. Eine Sache findest Du auch beim neuen Arbeitgeber mit 100 Prozent Sicherheit wieder: Dich selbst.

#92: Weiterentwickeln

Dezember. Ich befinde mich in der Woche ‚zwischen den Jahren'. Weihnachten ist gerade vorüber, das aktuelle Jahr zählt nur noch wenige Tage. Zeit, sich Gedanken über die zurückliegenden Monate zu machen sowie neue Ziele für das bevorstehende Jahr zu fixieren.

Ich sitze am Küchentisch und grüble. Was hatte ich mir eigentlich dieses Jahr vorgenommen? Welche Erfolge konnte ich feiern? Und wo habe ich neue Erfahrungen machen können?

Kontinuierliche Weiterentwicklung durch Journaling

Ziele verfolgen. Selbstreflexion. Persönlichkeitsentwicklung.

Das liest sich alles nach sinnvollen, jedoch auch mühsamen Aufgaben auf dem Weg zum High Performance Consultant. Doch keine Angst! Unterstützung erfährst Du in Form eines Journals. Dabei handelt es sich um ein physisches bzw. virtuelles Buch, in dem Du Deine Aufgaben, Ziele, Visionen und Termine festhältst. Ein zentraler Ort, dem Du Deine Lebensplanung anvertraust.

Ein täglich geführtes Journal verschafft Dir mehrere Vorteile:

- **Zieleverfolgung** – auf Tagesbasis kannst Du anhand Deiner Termine und Aufgaben nachvollziehen, inwieweit Du Deinen gesteckten Zielen näherkommst.
- **Reflexion** – regelmäßiges Aufschreiben unterstützt Dich im Nachdenken über Deine Leistungen, Ergebnisse und Erfahrungen.
- **Konditionierung** – schwarz auf weiß hältst Du Deine Erfolge fest, Glücksmomente aus denen Du später Energie und Motivation ziehen kannst.
- **Entwicklung** – mit einem Journal schaffst Du Dir einen verbindlichen Rahmen, einen dokumentierten Raum in dem Du Dich kontinuierlich verbessern kannst.

Ein Journal rückt Deine Themen in den Fokus. Es geht um Deine Bedarfe und Prioritäten.

Wer selbst kein Ziel hat,
arbeitet automatisch für die Ziele anderer.
– Jürgen Höller, deutscher Motivationstrainer

Am Markt gibt es die unterschiedlichsten Journal-Systeme, angefangen mit einem einfachen Notizbuch bis hin zur ausgetüftelten Smartphone App. Einige Lösungen helfen Dir, Deine Ziele besser zu erreichen, andere konzentrieren sich mehr darauf, an der eigenen Persönlichkeit zu arbeiten, wiederum andere verstehen sich als eine Art Terminplaner.

Wähle das Journal, welches für Dich am besten passt – ob nun klassisch offline oder hochmodern online. Etabliere ein morgendliches 5-minütiges Ritual, bei dem Du Tagesziele setzt, die vor Dir liegenden Arbeitsstunden planst sowie Dein Hauptziel vergegenwärtigst. Abends nutzt Du 5 Minuten, um Deinen Tag zu reflektieren, Verbesserungsmöglichkeiten zu identifizieren sowie festzuhalten, was heute richtig gut gelaufen ist.

#93: Wertschätzen

Achim ist ein Kollege von mir. Seit über 5 Jahren arbeitet er bei uns als Prozessberater. Fachlich ist Achim gut, jedoch nicht exzellent. Ehrlich gesagt eher Mittelmaß. Auch methodisch besitzt mein langjähriger Kollege noch Potential nach oben. Nicht immer ist sein Vorgehen effizient bzw. zielführend. Doch Achim hat einen Charakterzug, für den ihn seine Kunden lieben und explizit anfragen: Achim schätzt seine Mitmenschen wert.

Der Ton macht die Musik – auch im Consulting

Wann hast Du Dich das letzte Mal bei Deinem Kunden für einen Interviewtermin bedankt? Oder Deiner Kollegin für die tolle Unterstützung im Workshop ein Kompliment gemacht?

Deine Mitmenschen rechnen es Dir positiv an, wenn Du sie wertschätzend und zuvorkommend behandelst. Konkret auf den Berateralltag gemünzt:

- Bei der **Ankunft im Kundenbüro** morgens grüßt Du freundlich das bereits anwesenden Projektteam.
- Nach einem **Meeting-Termin** sendest Du Deine Mitschrift an die Teilnehmer heraus und dankst für den konstruktiven Input.
- In **Diskussionen** begrüßt Du explizit die Vorschläge und Hinweise der Teilnehmer. Auch Einwände nimmst Du dankend auf.
- Du achtest auf die **Situation** und Randbindungen Deines Gegenübers. Statt über Deine Schwierigkeiten zu berichten, fragst Du, wo Du unterstützen kannst.

Wertschätzung beginnt bereits mit Deiner Sprache, Mimik und Gestik. Wende Dich Deinen Gesprächspartner zu, lasse ihn ausreden, nicke verständnisvoll und verwende höfliche Formulierungen. Es sind die kleinen Zeichen, die in Summe den großen Unterschied machen.

Weniger werten und mehr wertschätzen
führt zum Mehrwert für alle.
– Peter F. Keller, schweizer Autor

Verstehe mich nicht falsch. Es geht nicht um 'nett sein', schmeicheln oder gar um Unterwürfigkeit. Du bist als Berater ein Dienstleister, der einen professionellen Consulting Service erbringt. Dabei agierst Du freundlich und bestimmt immer auf Augenhöhe mit Deinem Klienten. Dein Leitmotto: Mitmenschen sollen ein Gespräch mit Dir als Bereicherung empfinden. Inhaltlich, emotional, sozial oder am besten auf allen drei Ebenen gleichzeitig. Das klappt nicht immer und in jeder Situation. Was zählt, ist Deine Grundeinstellung.

#94: Wirken

Freitagnachmittag der 30. Juni. Eine E-Mail flattert in mein Postfach. „Auf Wiedersehen!" meldet sich Fabian in seiner letzten internen Nachricht. Als Ex-Consultant hat er jetzt in der Industrie seine berufliche Zukunft gefunden. Ich überlege: „Für was steht Fabian eigentlich? Worin ist er gut?". Mir fällt nichts ein und ich verschiebe die E-Mail ins Archiv.

Eine Stunde später. Eine weitere E-Mail trifft ein. Dieses Mal von Sandra. Auch sie hat sich in Sachen Karriere neu orientiert, kehrt an die Universität zwecks Vollzeit-Promotion zurück. „Schade." fährt es mir durch den Kopf. Sandra war in unseren Projekten die Analystin schlechthin. In der Recherche nach Zahlen, Daten und Fakten war sie die Meisterin. „Einen guten Start an der Uni." texte ich ihr zurück: „Deine Analyse-Skills werden uns fehlen.".

Gute Berater sind Persönlichkeiten die wirken

Was macht Dich als Unternehmensberater einzigartig? Gegenüber Kunden und Kollegen unverwechselbar? Oder anders gefragt: was sind Deine persönlichen Unique Selling Points? Es geht um Dein Auftreten, Deine Handlungen, Deine Skills im Beratungsgeschäft. Einige Beispiele:

- Unter Deinen Kollegen bist Du die ‚Go-to'-Person, wenn es um die Modellierung von komplexen Geschäftsprozessen geht.
- Bei Kunden bist Du bekannt für Deinen analytischen Scharfsinn und die Top-Qualität Deiner Ergebnisse.
- Deine Mitarbeiter schätzen Deine Verlässlichkeit. Selbst in hektischen Wochen hältst Du die vereinbarten Ergebnistermine ein.

Überlege Dir, für welche nachgefragten Fähigkeiten und Eigenschaften Du stehst bzw. stehen willst. Was kannst Du gut? Wofür hegst Du eine Passion? Und was wird von anderen honoriert?

Der sogenannte ‚Sweet Spot' liegt genau in der Schnittmenge dieser drei Fragen.

> **Man ist schlecht beraten, wenn man nur mit Leuten zusammenarbeitet, die nie widersprechen.**
> – Ludwig Rosenberg, deutscher Gewerkschafter

Beratung ist individuell entlang den Problemen und Bedürfnissen des Kunden. Als Berater bist auch Du ein Individuum, unterscheidest Dich von anderen Consultants. Deshalb:

- Zeige in Deinen Projekten Ecken und Kanten. Immer auf der Sachebene.
- Fordere durch kluge Fragen Deine Gesprächspartner zum Nachdenken heraus.
- Nimm Rahmenbedingungen nicht als selbstverständlich. Hinterfrage den Status Quo.
- Lege Dir außergewöhnliche und professionelle Accessoires zu. Ein besonderer Kaffeebecher. Eine exotische Schreibmappe. Bemerkenswerte Moderationskarten.

Wichtig ist Dein Mehrwert gepaart mit der Wiedererkennung. Entwickle Dich zu einer Beratermarke. In der eigenen Firma und im Kundenunternehmen.

#95: Wissen

„Der Arbeitnehmer unterstützt aktiv das unternehmensinterne Wissensmanagement. Zum einen durch die strukturierte Weitergabe von Wissen im Team, zum anderen durch die gezielte Dokumentation der relevanten Projektinhalte.“.

Ein zweites Mal lese ich mir die Passagen in meinem neuen Arbeitsvertrag durch. Gerade eben ist das Papier per Post eingetroffen. Ich freue mich, dass es mit meiner Bewerbung geklappt hat. Nur was heißt ‚unternehmensinternes Wissensmanagement‘ nun genau?

Eine Beratung lebt von ihrem Wissen

Als Unternehmensberater bist Du Wissensarbeiter. Du löst Kundenprobleme auf Basis Deines Know-hows und Deinen Erfahrungen. Und stellst diese geistige Leistung Deinen Klienten in Rechnung. Im Consulting gibt es drei Formen von Wissen:

- **Fachkompetenzen** sind spezifische Branchen-, Unternehmens- oder Technologiekenntnisse. Fachwissen erwirbst Du im Studium und während der Projekte.
- **Methodenkompetenzen** sind alle Kenntnisse rund um den Ablauf und der Vorgehensweise. Projektmanagement oder agile Entwicklung sind typische Vertreter für diese Wissensform die Du meist nach Deiner Ausbildung erlernst.
- **Sozialkompetenzen** umfassen die Kenntnisse beim Umgang mit Menschen. Dieses Wissen wächst mit der Anzahl an persönlichen Interaktionen.

Für alle Wissenstypen gilt: Kennen ist nicht Können. Vielleicht sind Dir bestimmte Konzepte, Modelle oder Methoden noch aus Deiner Ausbildung bekannt. Kannst Du diese Ansätze jedoch damit sofort sicher und effizient in Deinen Beratungsprojekten anwenden?

Eine Investition in Wissen
bringt noch immer die besten Zinsen.
– Benjamin Franklin, US-amerikanischer Staatsmann

Warum nicht gemeinsam mit den Beraterkollegen in Wissen investieren? Wissensmanagement im Unternehmen, beispielsweise durch…

- regelmäßige **Wissenstage** zum Austausch von Lessons Learned,
- gemeinsame **Publikation** von eingesetzten Frameworks und Modellen,
- Aufbau eines internen **Consulting Wikis** mit den Methoden & -konzepten sowie
- Etablierung einer **Summer School** oder eines Berater-Colleges.

Aufgrund wechselnder Kunden und Projekte ändern sich in Deiner Beraterlaufbahn regelmäßig die Fachdisziplinen. Dein Wissen solltest Du daher gezielt in den Feldern Methoden und Sozial ausbauen. Hingegen liegt das fachliche Know-how beim Kunden. Lerne durch Deine Sozialkompetenzen dieses Expertenwissen zu Tage zu fördern und in Kombination mit Deinen Methodenkenntnissen zur Lösung zu lenken.

#96: Zentrieren

Anforderungsmanagement-Training beim Kunden. Vor mir sitzen zehn gestandene Fach- und IT-Kräfte. Ziel der 2-tägigen Schulung ist es, die Kundenmitarbeiter in der Erhebung, Dokumentation und der Abstimmung von Anforderungen zu befähigen.

Lässig zurückgelehnt sind alle Augenpaare auf mich gerichtet. Die Botschaft: Soll der einbestellte Dienstleister doch einmal zeigen, was er so auf dem Kasten hat. Statt mit einer persönlichen Kurzvorstellung oder einer Einführung in den Stoff zu beginnen, starte ich eine Blitzlichtumfrage. Jeder der Anwesenden soll berichten, welches Problem ihm aktuell am stärksten in den Projekten unter den Nägeln brennt.

Die Teilnehmer beginnen zu erzählen. Nach 15 Minuten ist die Runde rum und ich bin an der Reihe. Beginnend mit dem ersten Problem starte ich die Einführung in das Training.

Consulting ist Arbeit mit, am und für den Kunden

Client first. Der Kunde zuerst. Dieses oft gepriesene Motto ist das Herzstück einer guten Beratung. Als Consultant arbeitest Du eng mit Deinem Kunde zusammen. Es gibt kein Produkt, keine Anlage, keine Maschine hinter der Du Dich verstecken kannst.

Umso wichtiger ist es für Dich, fortwährend den Kunden ins Rampenlicht zu rücken. Statt von Dir, Deinen Ansätzen, Methoden und Modellen zu sprechen, lässt Du den Kunden zu Wort kommen. Er ist der Star, der Hauptdarsteller in Eurem gemeinsamen Projektfilm.

Stelle Dir Eure Beziehung wie ein Dreieck vor. Eine Ecke bilden die Dienstleistungen Deiner Beratung. Die zweite Ecke sind die Führungskräfte in Eurem Unternehmen, die dritte Ecke die Mitarbeiter Deiner Beratung. Zentral in der Mitte steht der Kunde. Alles kreist um ihn.

Ich habe kein Marketing gemacht.
Ich habe immer nur meine Kunden geliebt.
– Zino Davidoff, russisch-schweizerischer Unternehmer

Überlege Dir, wie Du mit Deinem Beratungsangebot, Deiner täglichen Projektarbeit, Deiner Präsenz einen Mehrwert für Deinen Kunden schaffst. Vier Beispiele:

- Erhöhe das Ansehen Deines Kunden, indem Du ihn vor Kollegen und Vorgesetzten mit exzellenten Ergebnissen glänzen lässt.
- Gebe Deinem Kunden durch stichhaltigen Analysen und fundiertem Wissen Sicherheit in seinen Entscheidungen.
- Verbessere die wirtschaftliche Position Deines Kunden durch eine unternehmerische Herangehensweise.
- Sorge für ein freudiges Lächeln auf dem Gesicht Deines Kunden, indem Du ihn positiv überraschst und in Deine Beratung gezielt Humor einfließen lässt.

Kundenzentrierung ist kein Konzept. Es ist eine Grundeinstellung, die sich in jeder Deiner Interaktionen mit dem Klienten widerspiegelt.

#97: Zuhören

Absolventenmesse in München Samstagmorgen 10:00 Uhr. Mein Kollege Roland und ich stehen hinter dem Messestand, bereit für den ersten Ansturm der Young Professionals.

Schon nach 2 Minuten trifft ein professionell gekleideter Student ein und signalisiert Interesse an unserem Beratungsunternehmen. Nach einem kurzen gemeinsamen Empfang gebe ich Roland zu verstehen den freundlichen Herren bitte zu übernehmen. Ich habe noch Details mit der Messeleitung abzustimmen. Roland bestätigt mit gehobenen Daumen und beginnt dem motivierten Noch-Studenten über unsere Firma zu berichten. Er erzählt und erzählt. Ich mache mich auf zur Messeleitung.

Als ich nach 15 Minuten wieder eintreffe, ist Roland immer noch am Reden. Der Student hingegen blickt gelangweilt, fast genötigt drein. Kurz darauf verabschiedet er sich, ohne dass es zum Austausch der Kontaktdaten kommt. „Und?" frage ich Roland „Was weißt Du über ihn?".

Reden ist Silber, Zuhören ist Gold

Kennst Du die 30/70-Formel? Im Consulting bedeutet diese: 30 Prozent reden, 70 Prozent zuhören. Warum? Der Kunde steht vor mindestens einem Problem, welches Du als Unternehmensberater für ihn lösen sollst. Für ihn ist seine Situation, die möglichen Lösungswege sowie die finalen Ergebnisse am wichtigsten. Was Du erzählst, interessiert ihn nur solange es zur Beseitigung seines Problems beiträgt.

Die Konsequenz: In den Gesprächen solltest Du Deinen Redeanteil minimieren und vielmehr Dein Gegenüber zu Wort kommen lassen.

- Höre zu. Zähle dazu die Redeanteile, zum Beispiel in Minuten oder Argumenten.

- Lass bis zum Schluss aussprechen. Warte ein paar Sekunden, manchmal kommen in diesem Augenblick der Stille noch weitere entscheidende Fakten.
- Gib durch kurze Rückfragen, Bestätigungsfloskeln, Bejahungslaute, etc. zu verstehen, dass Du aktiv bei der Sache bist.

Die von Dir geäußerten Fakten kennst Du, die Aussagen Deines Gesprächspartners nicht. Im Beispiel sollte Roland dem Interessenten Fragen stellen und seinen Ausführungen folgen. Schließlich kennt er seinen Arbeitgeber und die Projektarbeit, nicht jedoch den Jobkandidaten.

Einer meiner langjährigen Verkäufer hat einmal das Geheimnis seines Erfolges entschleiert: Man muss den Kunden reden lassen und ein guter Zuhörer sein.
– Wilhelm Becker, deutscher Automobilhändler

Aktives Zuhören verschafft Dir weitere Vorteile. Du gewinnst Zeit, über das Gesagte nachzudenken und neue Fragen zu entwickeln. Dem Sprechenden vermittelst Du ein positives Gefühl, schließlich wird gerade seine Sache diskutiert. Nicht zuletzt sammelst Du Fakten.

#98: Zurückgeben

Sonntag Mitte August 2017, 22:00 Uhr. Für Unternehmensberater ist der August ein dankbarer Monat. Viele Kunden genießen ihren Sommerurlaub, die Uhren in der Wirtschaft drehen sich etwas langsamer. Zeit durchzuatmen und die erste Jahreshälfte Revue passieren zu lassen.

Neben meinen Beratungsprojekten habe ich in den vergangenen 6 Monaten intensiv an diesem kleinen Büchlein gearbeitet. Meine 10-jährige Beratungserfahrung hat mit High Performance Consulting nun eine Form. Zudem habe ich mit 20 Beratern über ihren wertvollsten Consulting Tipp gesprochen und diesen ebenfalls in die Sammlung einfließen lassen. Genau der richtige Augenblick Dich - lieber Leser - zu Wort kommen zu lassen.

Gesucht: Dein High Performance Consulting Tipp

Kennst Du alle im Buch vorgestellten Tools und hast diese in Deinem Beraterallltag auf Herz und Nieren verprobt ist es an der Zeit, für einen nächsten Schritt. Blättere zum letzten Kapitel dieses Büchleins. In diesem habe ich Lesetipps mit weiteren Anregungen für Berater zusammengefasst. Zusätzliche High Perfomance Consulting Tipps findest Du auf meiner Webseite:

Consulting-Life.de/category/Persoenlichkeit-und-Aufstieg

Die Seite bietet Dir zudem einen großen Fundus von Consulting Tools, Literaturempfehlungen und Expertenwissen. Aus der Praxis, für die Praxis.

Alle Leute, die einen Beitrag zum öffentlichen Leben leisten, die versuchen, die Gesellschaft zu bessern, das sind Helden.
- Woody Allen, US-amerikanischer Regisseur und Schauspieler

Doch warte! Zum Schluss suche ich Deinen Tipp und Dein Feedback. Gerne kannst Du mir Fragen und Kommentare zusenden. Ein Satz, eine Idee, ein Gedanke – Dein Beitrag ist wertvoll und ist gleichzeitig Input für eine neue Auflage von High Performance Consulting. Herzlichen Dank!

P.S.: Als Bonus findest Du unter Consulting-Life.de/Consulting-Survival-Package ein Notfallpaket für Berater. Neben einem Project Starter Guide enthält das kostenfreie Package 10 Tipps für Deinen Sprint auf der Consulting Karriereleiter.

#99: Zusammenarbeiten

Die E-Mail überrascht. Kurzfristig bin ich am Donnerstag für einen Akquisetermin im schönen Wien eingeladen. Im Treffen stellen wir einem potentiellen Neukunden unsere Automobil-Studie vor und diskutieren Anknüpfungspunkte.

Ich rufe meine Kollegin Pia an und bitte Sie den Foliensatz mit den Studienergebnissen auf den aktuellen Stand zu bringen. Mein nächstes Telefonat gilt dem Backoffice. Martina, so meine Anfrage, soll mir eine Zugfahrt inklusive Hotelübernachtung buchen. Schließlich gilt mein letzter Call dem IT-Team. Im Gespräch mit Tobias stelle sicher, dass wir auch im Ausland Zugriff auf eine stabile Internetverbindung haben.

Bis zum Abend ist alles organisiert. „Klasse!" denke ich „Dann kann ich jetzt mit Pia noch einmal inhaltlich über die Folien gehen.".

Beratung ist Teamarbeit

Consulting ist selten eine Solo-Veranstaltung. Häufig berätst Du in einem Team, hilfst Kollegen bzw. wirst von diesen unterstützt:

- In vielen Beratungsprojekten arbeitest Du Seite an Seite mit anderen **Consultants**. Gemeinsam sorgt Ihr für den Erfolg beim Kunden.
- Als tragende Säule Deiner Beratung übernimmt das **Backoffice** administrative Aufgaben, beispielsweise Dienstreisen, Controlling oder Office Management.
- Die **Personalabteilung** übernimmt die Mitarbeitereinstellung und -bindung zum Beispiel durch Organisation von Kontaktmessen oder Trainings.
- Alle technischen Aufgaben verantwortet die **IT-Abteilung**, ob es nun um Deinen Laptop, Dein Smartphone oder der Software geht.

- Insbesondere große Beratungen stellen Dir **Unterstützung** in Form von Analysten, Präsentationsdesignern oder Lektoren bereit.

Zusammenkommen ist ein Beginn, Zusammenbleiben ein Fortschritt, Zusammenarbeiten ein Erfolg.
– Henry Ford, US-amerikanischer Industrieller

Nur im Verbund seid ihr stark. Achte auf klare Verantwortlichkeiten, speziell in der gemeinsamen Projektarbeit. Wer muss was liefern? Wer kann welches Ergebnis erwarten? Übernehme Themen mit klaren Zielen und konkreten Resultaten. Einige nennen dieses Verhalten proaktiv, ich nenne es neugierig.

Unterstütze Dein Team wertschätzend und mit Respekt. Baue Dir Projekt für Projekt, Aufgabe für Aufgabe, Tag für Tag ein internes Netzwerk auf. Lerne von erfahrenen Kollegen und nimm Feedback Deinen Kollegen offen an.

Keiner wird von jedem gemocht. Um das Mögen geht es auch nicht. Viel wichtiger ist es, dass Du von Deinen Kollegen anerkannt wirst. Für das, was Du tust, wofür Du stehst, worin Du berätst.

#100: Zusammenfassen

Statuspräsentation beim Chief Information Officer Herrn Dr. Wilhelm. Seit Wochen steht der Termin rot in meinem Kalender. Ursprünglich auf eine ganze Stunde festgesetzt, wurde das Treffen gestern kurzerhand auf 30 Minuten gekürzt.

Überpünktlich erscheinen wir vor der Bürotür von Dr. Wilhelm wo uns seine Sekretärin empfängt. „Herr Wilhelm hat direkt im Anschluss eine wichtige Verpflichtung. Er wird das Meeting früher verlassen." gibt sie uns zu verstehen und ergänzt: „Bitte kommen Sie rasch zum Punkt.".

Geschlagene 15 Minuten harren wir aus bis Herr Dr. Wilhelm endlich eintrifft. Etwas außer Atem blickt er uns fordernd an und bittet: "Dann erzählen Sie mal. Wie steht es um mein Projekt?".

Die Quintessenz immer zuerst

Die Amerikaner nennen es ‚Bottom line up front' oder kurz BLUF. Die Empfehlung, das Resultat oder die Haupterkenntnis stellst Du direkt an den Beginn einer Kommunikation. Anschließend geht es um die Details – je nach verfügbarer Zeit und Präferenz Deines Gesprächspartners. Auch diese Details kannst Du weiter vertiefen. Damit entsteht die typische Struktur einer Pyramide: der wichtigste Fakt formt die Spitze, die vielen Details die darunterliegenden Ebenen.

Im Consulting kannst Du das Prinzip der Pyramide an vielen Stellen anwenden:

- In **E-Mails** notierst Du das Ergebnis, die Frage oder die Handlungsaufforderung direkt ganz oben. Anschließend listest Du weiterführende Infos auf.
- **Analyseberichte** beginnst Du mit einer Management Summary. Dieser Abriss bringt die wichtigsten Fakten auf den Punkt. Alle Details stehen dann im Report.

- Bei einer **Präsentation** widmest Du Dich zuerst der Kernbotschaft. Anschließend vertiefst Du diese, je nach Wissensbedarf der Teilnehmer.

Das Herzstück der Unternehmenskultur ist die Kommunikation zwischen den Menschen.
– Fabrizio Perini, schweizer Kommunikationstrainer

Selten interessieren sich Top-Manager wie der oben beschriebene CIO für Tätigkeiten, Methoden oder Vorgehensweisen. Sie sind einzig und allein an Deiner Schlussfolgerung und ihrer Gültigkeit interessiert. Häufig reichen 5 Minuten um diese – gerne mit Unterstützung einer Präsentationfolie – auf den Punkt zu bringen. Hat der Entscheider dann weiterhin Interesse und Zeit, legst Du gewünschte Aspekte eine Ebene tiefer.

Um das Prinzip der Pyramide anzuwenden, musst Du Dich mit Deinem Kommunikationspartner auseinandersetzen. Welche Fragen treiben diesen um? Wie ‚konsumiert' er Informationen? In welchem Rahmen und wann? Ausgestattet mit diesen Infos, ist für Dich kein Meeting zu kurz.

#101: Zutrauen

„Das kann ein Problem werden.“. Mit ernster Miene blickt mich der KFZ-Werkstattleiter an und fügt trocken hinzu: „Aktuell haben wir keine Stoßfänger für Ihren Fahrzeugtyp vorrätig. Wir müssen nachbestellen und das dauert.“.

Etwas ratlos blicke ich den gestandenen Meister an. Gestern hatte ich auf der Rückreise vom Kunden einen kleinen Unfall mit meinem Dienstwagen. Nichts Ernstes, nur die Frontpartie muss nun ausgewechselt werden.

„Ich bin mir nicht sicher, ob Sie ihren Wagen Anfang folgender Woche wieder nutzen können.“ fährt der Werkstattleiter von sich aus fort „Für die Montage benötigen wir Spezialwerkzeug, welches wir ebenfalls erst ordern müssen.“.

Nur helfen mir diese Fakten wirklich weiter?

Halb voll oder halb leer – Deine Einstellung entscheidet

Gelegentlich triffst Du sie in Deinen Beratungsprojekten: die Problembeschwörer. Stets weisen Problembeschwörer auf die bestehenden Defizite, Unwägbarkeiten und Herausforderungen hin. Alles ist schwierig, kompliziert und sowie verfahren. Mit ihrer pessimistischen Einstellung rauben sie Dir und dem Team Energie, verschwenden Zeit und binden Ressourcen. Ohne dass sich die Probleme dadurch reduzieren, geschweige denn aus dem Weg geräumt werden.

Als Unternehmensberater agierst Du als Problemlöser. Statt auf negative Missstände hinzuweisen und diese zu bemängeln, schaffst Du mit Zuversicht, Optimismus und Tatendrang die Voraussetzungen für eine bessere Soll-Situation. Nachfolgend einige Ansätze, die Deine positive Einstellung fördern:

- Sehe in Dingen nicht die Risiken, sondern die Chancen.

- Verwende eine positive und sachbezogene Sprache.
- Orientiere Dich an Lösungen und verharre nicht bei den Problemen.
- Gewinne Rückschlägen, Problemen und Hindernissen positive Aspekte ab.
- Umgib Dich mit lebensfrohen Menschen und vermeide Problembeschwörer.

Als Berater bist Du ein ‚Agent des Wandels'. Begleite diesen Wandel mit einem konstruktiven Mindset und empfehle Dich auf diese Weise für anspruchsvolle Beratungsaufgaben weiter.

Verbringe nicht die Zeit mit der Suche nach einem Hindernis. Vielleicht ist keines da.
– Franz Kafka, deutschsprachiger Schriftsteller

Übrigens habe ich nach der Reparatur meines Dienstwagens die Werkstatt gewechselt. Die Neue ist zwar etwas weiter entfernt, dafür strahlt der KFZ-Meister nun Kompetenz und Zuversicht aus. Ich vertraue ihm, dass er meine PKW-Probleme löst.

4. Auf den Schultern von Experten

Auch Berater benötigen Rat. Beim Schreiben von High Performance Consulting bat ich nachfolgende Consultants um ihren wertvollsten Tipp für Unternehmensberater. Allen Personen danke ich für ihre Impulse. Besonders spruchreife Tipps findest Du verteilt im Buch.

Frank Braun

Christian Deutsch

Moritz Dressel

Prof. Dr. Dirk H. Hartel

Christian Jacob

Georg Jocham

Dr. Gregor Kaczor

Dr. Silvia Knittl

Torsten J. Koerting

Matthias Kolbusa

Matthias Kunz

Georg Matzat

Dr. Ivan Monahov

Dr. Sascha Roth

Frieder Schulz

Markus Stahmann

Dr. Alexander Steinhoff

Giso Weyand

Gavino Wismach

Jannik-Johannes Vieten

5. Lesetipps

Du möchtest Deine Consulting Fähigkeiten weiter verbessern? Beim Schreiben des Buches habe ich mich von nachfolgender Literatur inspirieren lassen. Viel Spaß bei der Lektüre!

1. Dale Carnegie: *Wie man Freunde gewinnt: Die Kunst, beliebt und einflussreich zu werden*, Fischer Verlag, 2011

2. Stephen R. Covey: *Die 7 Wege zur Effektivität: Prinzipien für persönlichen und beruflichen Erfolg*, Gabal Verlag, 2005

3. Jan Roy Edlund: *Monkey Management: Wie Manager in weniger Zeit mehr erreichen*, HRI Human Resources International AG, 2016

4. Dirk. H. Hartel: *Consultant-Knigge*, Oldenbourg Wissenschaftsverlag, 2013

5. Stephen C. Lundin, Harry Paul, John Christensen: *Fish!™: Ein ungewöhnliches Motivationsbuch*, Goldmann Verlag, 2015

6. Jack Nasher: *Überzeugt!: Wie Sie Kompetenz zeigen und Menschen für sich gewinnen*, Campus Verlag, 2017

7. Ethan R. Rasiel: *The McKinsey Way: Using the Techniques of the World's Top Strategic Consultants to Help You and Your Business*, Mcgraw-Hill Education Ltd, 1999

8. Lew Saunder: *Consulting 101 - 101 Tips for Success in Consulting*, Lew Saunder Verlag, 2014

9. Dirk Schmidt: *DU bist das Produkt: Erfolgreich verkaufen in 8 Schritten - warum Deine Motivation und Persönlichkeit entscheidend sind*, Amade Verlag, 2015

Diese Lesetipps reichen Dir nicht? Regelmäßig stelle ich Top-Bücher unter Consulting-life.de/category/Literatur-und-Links vor.

27604204R00125

Printed in Poland
by Amazon Fulfillment
Poland Sp. z o.o., Wrocław